KB051801

백정,
외면당하는 역사의 진실

이희근 저

책밭

2013년 3월 15일 초판 1쇄
2013년 7월 1일   2쇄

글 이희근
펴낸곳 책밭
펴낸이 전미정
디자인 남지현
교정·교열 이동익
출판등록 2011년 5월 17일 제300-2011-91호
주소 서울 중구 필동 1가 39-1 국제빌딩 607호
전화 070-7090-1177
팩스 02-2275-5327
이메일 go5326@naver.com
홈페이지 www.npplus.co.kr
ISBN 978-89-966569-7-5 03900
정가 16,000원

백장

위대한 영사의 기록

우리는 과연 단일민족인가?

우리가 사용하는 신조어 중의 최신판 하나가 바로 '다문화 가정'이다. '다문화'는 여러 가지多 문화文化의 배경을 지닌 사람들이 이 사회의 한 구성원으로 자리 잡았음을 말해주는 용어다. 그러나 참 낯설다. '다문화'가 실제 가리키는 대상은 외국에서 결혼 등을 통해 이 땅에 이주한 사람들이고, 그들이 낳은 2세들이다.

'혼혈인'이라고 직접 지칭하면 종족적인 차별을 염두에 떠올릴까봐, 그를 피하고자 억지로 만든 말이리라. 그렇게 이해하면서도 석연치 않은 구석이 남는다. 한반도 사람들은 언제부터 순혈로만 이어져 왔을까, 우리는 정말 '한반도 재래'의 순종일까, 배달민족은 정말 존재할까, 그 피는 정말 순수할까.

숱한 의문이 떠오른다. 지난 20세기 초반 일본이 강점한 한반도, 그 땅에서 살아가야 했던 우리의 민족의식이 깨어나면서 생긴 '배달민족' 탄생 배경을 훑어보면 그런 의심은 점점 짙어진다. 22만㎢의 작지 않은 국토에 5000년의 세월이 스쳐 지나가는 과정에서 우리는 정말 단일의 피로, 단일의 맥락을 이어오며 지금까지 살아왔을까.

그럴 가능성은 결코 없다. 그럼에도 우리는 배달의 신화를, 배달의 핏줄에 관한 다중의 믿음을 아무런 의심 없이 믿고 의지해 왔다. 그런 신화와 믿음이 일제 강점기의 혹독한 시련을 거치는 데 매우 유용했으며, 대한민국 건국과 산업화의 길목에서 구성원 사이의 튼튼한 접착제로 작용한 점은 인정한다. 그러나 그 신화와 간결한 믿음이 한없이 이어져서는 곤란하다.

자칫 자국민 우월주의, 종족적인 차별로 굳어져 나라의 문 바깥으로 향하는 열린 시선을 잡아 묶어둘 수 있기 때문이다. 나 아닌 다른 이에 대한 차별적 시선을 멈추고 더 열린 마음으로 세계의 바다로 나아가기 위해서도 우리는 이제 그 단일민족에 관한 신화와 믿음을 발전적으로 해체해야 한다.

바람처럼 한반도의 땅에 다가와 우리와 함께 피를 나누는 과정에서 누군가의 그늘에 가려 우리에게는 꽤 낯설지만, 어느 한편으로는 매우 친근한 집단이 있다. 그들이 바로 백정白丁이다. 그들은 오늘 우리가 '다문화'라고 명명한 새로운 구성원들의 먼 선배에 해당한다.

따지고 보면 한민족이 단일민족이라는 통념에는 역사적 근거가 없다. 이러한 통념이 허구적 신화에 불과하다는 결정적 증거는 이 책에서 다룰 백정이 제공한다. 실제 『성종실록』에 따르면, 한때 백정이 차지하는 비율이 평민의 1/4~1/3을 차지했을 정도였다. 백정이 누구이던가. 그들은 북방 유목민의 후예다. 그러한 이들이 한 나라의 상당 부분을 차지하고 살았다는 사실은 한민족이 단일민족이란 상식을 하루아침에 무너뜨릴 수 있는 확실한 증거다.

필자는 역사학을 다루는 학자로서 이 점에 대해 심히 조심스러웠지만, 수많은 문헌자료들을 바탕으로 단일민족이란 통념을 제법 꼼꼼히 살폈다. 그러던 차에 구한말 고종의 고문으로 조선 왕실에 머물렀던 윌리엄 프랭클린 샌즈William Franklin Sands가 쓴 『극동회상사기極東回想私記, Undiplomatic Memories: The Far East 1896-1904』를 통해 흥미로운 사실을 알았다. 샌즈는 이미 자신의 눈에 비친 조선 사람들이 단일민족이 아니라고 확신하고 있었다.

사실 백정은 그 자체만으로도 단일인종이거나 단일집단이 아니었다. 백정으로 호칭이 통일되기 전까지 인종 내지 직업에 따라 양수척揚水尺, 재인才人, 화척禾尺, 달단韃靼 등으로 불렸다. 다만 그 조상이 북방 유목민 출신이었기에 생활방식이 같았을 뿐이다.

그들은 한반도에 정착한 이방인으로서 적지 않은 배척과 천대를 받았으며, 그럼에도 불구하고 조선 왕조의 역사 속에 지대한 공헌을 하기도 했다. 그렇기에 어쩌면 이 책에 담길 그들의 이야기가 한편으로는 어둡고 슬픈 모습일 수도 있겠다.

그러나 백정은 결국 이 땅에 뿌리내렸고 우리와 함께한 나라의 구성원으로 자리 잡았다. 우리들 중 그들과 피가 섞이지 않은 사람은 없을 것이며, 그들의 혼백을 이어받지 않은 이 또한 없을 것이다. 백정은 이 땅에 늦게 도래해 이제 어엿한 한반도 사람으로 자리 잡은 우리의 피붙이, 그리고 우리의 조상이다.

필자는 이 책을 통해 이들 유목민이 왜 백정이 되었는지, 어떻게 한반도로 발길을 옮겨 뿌리내렸는지 살펴볼 것이다. 또한 그들이 어떤 생활을 하였으며, 어떤 분야에 기여하고 한반도 역사 공동체에 공헌했는지도 다룰 것이다. 그리고 백정들이 왜 차별을 받았는지, 어떻게 저항했는지, 어떻게 왕국의 당당한 신민臣民이 되었는지도 살필 것이다.

차별과 냉대에 시달리면서도 한반도 역사의 한 축으로 자리 잡은 백정의 고단한 여정을 살펴본 이유는 결국 열린 시대와 열린 마음을 유지하기 위함이다. 다수가 소수를 억누르지 않으며, 새로움과 낯섦을 너그럽게 받아들일 줄 알고, 그리하여 더욱 풍성한 문화적 포용성으로 스스로를 살찌울 수 있는 사회의 틀을 만들어가는 데 이 책이 역사적 인식의 한 토대로 작용하면 좋겠다.

함께 어울리면 좋은 소리가 나오고, 좋은 빛이 뿜어져 나온다. 이제 한반도에 정착하며 어엿한 대한민국의 구성원으로 성장하고 있는 '다문화 가정' 구성원들에게 우리는 더 적극적으로 곁을 내줘야 한다. 우리의 그런 발심發心으로 '다문화 가정' 구성원으로 하여금 백정이 걸었던 멀고 험했던 정착의 여로를 되밟도록 하지 않을 수 있다면, 이 책은 조그만 축복일 테다.

끝으로 어지러운 원고를 붙잡고 백정의 역사적 발자취를 제대로 조명할 수 있게끔 방향을 잡아, 글의 맥락을 다듬어 준 출판사 책밭 관계자들께 고마움을 표한다.

2013년 2월 이 희 근

차례

서양인의
눈에
비친
조선의
이방인

황혼 즈음의 조선이었지만, 그래도 서양의 각국은 숨어 있어 그 모습을 잘 드러내지 않는 '은자隱者의 나라' 조선에 눈길을 보내고 있었다. 특히 조선과 서양 각국이 국교를 맺은 이후에는 많은 서양인들이 선교, 공무, 여행 등 여러 목적으로 조선을 방문하였다. 다듬어지지 않아 피폐함의 흔적이 여기저기에 남아 있던 조선의 땅에 그런 서양의 낯선 이들이 분주히 발길을 옮기기 시작하면서 적지 않은 기록들이 나오고 있었다. 특히, 미국 외교관 출신 윌리엄 프랭클린 샌즈William Franklin Sands 의 『극동회상사기極東回想私記, Undiplomatic Memories: The Far East 1896-1904』는 유독 필자의 지적 호기심을 자극했다. 1930년 미

국 뉴욕에서 처음 출간된 이 책은 1999년 『조선비망록』이라
는 제목으로 국내에도 소개되었다.[1]

샌즈의 눈에 비친 조선인의 인종적 다양성

그의 시각은 넓었으며 안목은 풍성했다. 다양한 세계를 접하
면서 그곳에 숨어 있는 특성을 잡아 낼 수 있는 경험과 지식
을 갖춘 인물이었다. 1874년 미국에서 태어난 윌리엄 프랭클린
샌즈는 오스트리아에서 유학하며 초·중·고등학교 과정을
마쳤다. 이후 미국 워싱턴의 조지타운 법대를 졸업하고 미국
국무성에서 근무했다. 그는 미국 아닌 다른 땅 오스트리아에
서 유럽의 분위기를 체험한 후 본격적인 사회생활로 외교관의
길에 발을 들여놓은 뒤 주일미국공사관에 부임했다. 1896년부
터 2년간 2등 서기관으로 도쿄에서의 임무를 마친 그의 다음
부임지는 바로 격동의 세월을 겪고 있는 조선 왕조였다. 그는
미국공사관 1등 서기관으로 근무한 이후, 1899년부터 1904년
까지 고종의 고문을 역임하였다.

　이후 미국 국무성으로 복귀한 샌즈는 1905년부터 주파

----

[1] W. F. 샌즈 지음/신복룡 역주, 『조선비망록』, 집문당, 1999.

••
제물포인천는 큰 모험을 무릅써야 하는 관문으로서는 적합하지 못한 항구였다. 검은 바위와 갈색 모래뿐 관목도 없고 높지 않은 척박한 언덕이 간조 때에 모습을 드러냈다. ……방파제를 따라서 주민들이 묵묵히 쭈그리고 앉아 미동도 않고 나를 지켜보고 있었다. 그들은 솜을 넣어 꿰맨 면바지와 뒤꿈치까지 오는 길고 거무죽죽한 흰 솜 외투를 입고 있었고, 두툼하게 댄 솜 장화를 부착시킨 나막신이나 짚신을 신고 있다. ……머리는 두 개의 손가락 크기로 땋아 돌려 매듭을 지어 올린다. 그들조선인의 몸집은 (일본인보다) 컸으며 긴 수염에 회색과 푸른색 그리고 갈색의 눈에 머리칼은 붉고 안색이 좋았다. 그들을 처음 보았을 때 그들의 혈색은 혼합된 혈통이라 생각하기 쉽지만 인류학자들은 그렇게 생각하지 않는다.

(W. F. 샌즈 지음/신복룡 역주, 「조선비망록」, 집문당, 1999, p. 41)

나마공사관, 과테말라 및 멕시코 공사관에서 근무하였다. 1910년 국무성을 떠난 그는 외교관 경험을 바탕으로 국제 분쟁을 중재하기도 하였으며, 사업을 벌이기도 하였다. 1927년부터 샌즈는 여생을 마칠 때까지 모교인 조지타운대학에서 역사 및 외교사 교수로 재직하면서 한국 및 일본, 미국 극동외교사 등에 대한 논문 및 책들을 집필하였는데 그 대표작이 바로 『극동회상사기』이다.

•• 조선 말에 한반도를 여행한 서양인 대부분의 인상이 그렇 듯이, 당시의 조선은 많이 구겨진 모습이었다. 샌즈도 그 점에 서는 역시 마찬가지였다. 1898년광무2, 그는 도쿄를 떠나 긴 항 해 끝에 드디어 제물포인천에 첫발을 내딛었다. 샌즈의 눈에 비 친 제물포항은 한 나라의 입국을 허하는 관문 역할을 하기에 는 너무도 열악해 보였다. 배에서 내린 그의 시야에 방파제를 따라 쭈그리고 앉아 있는 조선인들의 모습이 들어왔다.

긴 머리를 손가락 크기로 땋아 매듭을 지어 머리 위로 올 린 그들의 몸집은 일본인보다 컸다. 수염을 길게 기른 조선인 들의 눈동자는 회색과 푸른색 그리고 갈색이었고, 머리칼은 붉었다. 그는 조선인들이 분명 여러 민족이 혼합된 혈통일 것 이라 생각했다.

샌즈의 눈길은 그 당시 조금 유별나 보이는 조선인의 생김

새와 피부, 그리고 눈동자 색에 닿고 있었다.

당시 유럽에서는 인종학이 맹위를 떨치고 있었는데, 그때 인종 변별의 주된 기준은 피부색, 눈 빛깔 및 머리칼의 색깔이었다. 아마 이때의 유학 경험이 조선인의 인종적 다양성을 직감한 밑거름으로 작용했으리라고 짐작할 수 있다. 인류학자들은 부정하고 있었지만, 그는 조선인의 다양한 눈 빛깔 및 머리칼수염 포함의 색깔을 예로 들면서 조선인의 인종적 단일성을 의심한 것이다. 가령 인류학자들의 주장이 옳다면 조선인의 눈 빛깔과 머리칼이 검어야 하는데 그렇지 않았으며, 머리칼은 붉고 눈 빛깔도 회색, 푸른색, 갈색 등 다양해서 단일민족일 가능성이 없다는 것이다.

그래서인지 샌즈는 그의 책에서 "조선 사람들은…… 선사 시대에 (한)반도로 이주해 온 흔적이 다소 보이고 대륙 인접국과의 간헐적 접촉과 남쪽으로부터의 유입의 흔적도 보인다"는 역사적 식견도 덧붙이고 있다.

그는 한반도에 끊임없이 대륙북방 및 해양남방 계통의 인종들이 유입된 것으로 보았다. 조선(인)에 대한 자기 나름의 이런 역사적 식견과 함께, 인천에서 마주친 조선 사람들에 대한 첫인상을 근거로 삼아 조선인의 인종적 단일성론에 문제가 있다는 점을 제기한 것이다.

•●

광릉은 서울에서 약 20마일가량 떨어진 곳으로서 풍광이 매우
아름다웠다. 나는 그곳에 6명의 토착 사냥꾼을 고용하고 있었다.
조선 사회에서의 사냥꾼은 천민으로서 다른 이들의 죽음을 다루
는 매장업자나 갖바치, 백정들과 마찬가지로 취급을 받았다. 조
선 사람들은 그들과 직접적으로 교제가 없다. ……이런 천민 사
냥꾼들은 매우 흥미로운 존재들이었다. 그들의 신장은 모두 6피
트1ft는 약 30.48cm가 넘었다. 그들 중에는 화려한 빨간 머리 외관
에 빨간 턱 수염, 얇은 파란 눈을 가진 사람도 있었다.

(앞의 책, p. 147)

한국인이라면 누구나 '한민족은 단일민족'이라는 믿음을 아무런 의문 없이 지니고 있다. 그런데 이런 통념과는 양립할 수 없는 정보가, 그래서 필자의 지적 상상력을 자극하는 또 하나의 기록이 바로 『극동회상사기』 중에 보인다. 샌즈는 당시 조선 사람들 가운데 아주 특별한 부류에 대해서 기록해 두었다.

•• 조선인 사냥꾼에 대한 내용이 바로 그것인데, 샌즈의 눈에 비친 사냥꾼들은 여느 조선인들과는 다른 생김새를 가진 매우 흥미로운 존재였다. 조선 사람들은 그들을 천민으로 취급하며 교제도 없었다. 한마디로 그의 눈에 비친 사냥꾼들은 다른 이들로부터 차별받는 소외된 존재들이었다. 또한 그가 보기에 그들은 얇은 파란 눈과 빨간 머리칼 및 수염을 가졌고 키도 180㎝가 넘어 기골장대氣骨壯大했다.

백정에 대한 샌즈의 이 같은 기록은 2011년 초 서울대 의대 해부학교실 황영일·신동훈 교수팀의 발표와 비교해 보았을 때 매우 흥미롭다. 황영일·신동훈 교수팀은 15세기 이래 19세기에 이르기까지 조선시대 116명남 67명, 여 49명의 유골에서 채취한 넙다리뼈대퇴골를 이용해 평균키를 분석하였으며, 그 결과 남성은 161.1(±5.6)㎝, 여성은 148.9(±4.6)㎝였다고 발표하였다.

조선시대 당시의 통계자료는 없지만 이로 보아 조선인 성인 남자의 평균 키는 기껏해야 165㎝ 정도였을 것이니, '천민 사냥꾼은 매우 흥미로운 존재'라는 샌즈의 표현이 틀리지 않은 것이며 오히려 정확한 시각이었다는 걸 알 수 있다. 다만 조선(인)에 대한 그의 지식이 짧아 사냥꾼이 도축업자나 가죽 가공을 생업으로 삼는 갖바치와 같은 부류인지 몰랐을 뿐이다. 당시 그들은 서로 직업만 달랐지, 모두 백정白丁으로 통칭되는 같은 부류였다.

샌즈가 목격한 사냥꾼이 바로 백정 출신이라는 사실은 "백정은 그 선조가 호종胡種이다. 그래서 말을 잘 타거나 활을 잘 쏠뿐만 아니라 천성이 모두 사납고 용맹스러워 걸어 다니면서 짐승을 잡는 데 익숙하여 (사냥을) 예사로 여긴다"는 기록[2]에서 확인할 수 있다.

2 『성종실록』, 성종 22년 4월 23일.

호종胡種에서 한자 '호胡'의 쓰임새는 결코 밝지 않다. 한반도
에 존재했던 재래在來의 것이 아닌, 밖으로부터 유입한 이종異
種의 사람과 문물 등을 표현할 때 자주 쓰이는 글자인데 우리
말에서는 이를 '오랑캐'라고 적는다. 존경보다는 멸시, 친근함
보다는 배타적인 감성이 물씬 풍기는 단어다.

'호종'이라고 적으면 곧장 그대로 오랑캐, 즉 북방에서 유
입한 별종의 인간들을 가리킨다. 한반도 북녘에서 이 땅으로
유입한 사람들이야 부지기수일 테지만, 그 대부분은 유목민
이 차지한다. 몽골이나 돌궐 등 정통의 유목민 외에도 만주지
역에서 흩어져 살던 여진女眞과 말갈 계통의 사람들이 그런 경
우다.

그들은 오랜 유목생활로 말 타기에도 능했으며, 천성이
사납고 용맹스러워 짐승을 사냥하는 데에도 능숙했고 활을
잘 쏘았다. 호종인 백정이 사냥을 일상처럼 했다는 기록은
"신백정新白丁 등은 항상 사냥을 익혔기 때문에, 말도 잘 타고
걸음도 빠르다"는 『세종실록』세종 18년 윤6월 18일에서도 확인할
수 있다.

●●

『조선왕조실록_{朝鮮王朝實錄}』

『조선왕조실록^{朝鮮王朝實錄}』

조선시대 역대 임금들의 발언과 행동에 관한 기록인 실록_{實錄}을
합쳐서 부르는 책이다. 472년간에 걸친 25대 임금들의 실록 28종
을 통틀어 지칭한다. 역대 조정에서 국왕이 바뀔 때마다 전임 국
왕의 실록을 편찬하는 식으로 이루어졌다. 실록에는 구한말 고종
과 순종의 실록은 포함시키지 않는다. 이는 한반도를 강점한 조
선총독부가 1927년부터 5년 동안 편찬하면서 상당한 왜곡을 시
도했기 때문이다. 또한 조선시대의 엄격한 실록 편찬 규례에도 맞
지 않는 점이 많다. 따라서 고종·순종실록의 역사는 참고하거나
인용하는 데에 주의가 필요하다. 때로는 『이조실록_{李朝實錄}』, 또는
그냥 『실록』이라 부르기도 한다.

•• 또한, 『조선왕조실록』과 같은 왕조의 공식문서들에서 백정은 '호종', 즉 오랑캐의 후손으로 묘사된 것처럼, 조선 사람들에게 늘 이방인으로 취급받고 있었다. 이러니 백정은 구한말 서양인의 눈에도 이방인으로 보인 것이다.

조선시대는 유학儒學이 사람들의 머릿속을 혹독하게 지배하던 시절이었다. 특히 명분과 질서를 내세우며 엄격한 혈통과 위계位階 중심의 종법宗法, 나아가 가을날 서릿발같이 매서운 적서嫡庶의 관념이 극단적으로 횡행해 심지어는 광기狂氣로까지 번지기도 했던 때였다. 따라서 적통嫡統이 아니면 모두 이단異端으로 취급받는, 낯설고 힘없는 사람들은 그야말로 천대를 숙명으로 여기며 지내야 했던 시절이었다.

밖에서 '굴러 들어온' 호종, 그리고 '박힌 돌들'로부터 별종 또는 비천한 종자로 업신여김을 당해야 했던 백정의 신세는 묻지 않아도 그 대답이 명백한 불문가지不問可知의 상황이었으리라. 그런 천대와 멸시는 그들이 북방으로부터 도망쳐서 한반도에 이주한 '출신성분'에만 따른 것이 아니었다.

다른 한 가지의 문제는 백정이 다른 사람들과 뚜렷하게 구별되는 특이한 직업을 지니고 있다는 점이었다. 출신성분에서 일단 다른 일반의 사람들에게 꿀리고 들어감은 물론, 생업으로 종사해야 하는 직업 때문에 살아가는 방식이 달랐으며,

이 때문에 더욱 특이한 존재로 비쳐졌다. 더구나 직업에 따라 각기 다른 호칭이 있었다.

백정 중 도자屠者 혹은 도한屠漢으로 불린 도축꾼은 짐승을 잡고 고기를 다루는 일을 하는 사람들을 일컫는 말이었다. 기록을 보면,[3] 그들은 도성都城의 서쪽 무악산毋岳山 아래에 모여 살고 있었으며, 소와 말을 밀도살하는 것이 이들의 일이라고 되어 있다. 이러한 인식으로 1950~60년대만 해도 백정하면 푸줏간을 떠올릴 만큼 도축업자의 대명사처럼 여겨지곤 했다.

피물, 즉 짐승의 가죽을 사용하여 신발 등을 만드는 직업을 가진 백정 집단도 있었다. 이러한 일을 하는 사람들은 피장皮匠이라고 했는데 순우리말로는 '갖바치'라고 불리기도 한다. '갖'은 가죽이란 뜻이고, '바치'는 장인의 옛말이다.

아무튼 샌즈의 시각으로는 검은 머리칼에 검은 눈을 가진 전형적인 조선인과 달리, 빨간 머리칼의 키가 180cm 이상 되는 백정 출신 사냥꾼은 '매우 흥미로운 존재'임에 틀림없었다. 그래서인지 샌즈는 자신의 책에서 백정 출신 사냥꾼의 탁월한 능력에 대해서도 특별하게 적어 두기도 하였다.

....

3 『세종실록』, 세종 7년 12월 5일.

••
사냥꾼들은 먹지 않고서도 언제까지나 걸을 수 있었고, 탁월한 숲속의 사람들이며 낡은 화승총으로 목표물을 정확히 명중했다. 그들은 쇠파이프처럼 생긴 총으로 맞힐 수 있는 목표물을 우리가 놓치는 것을 보며 웃었다. 그들의 화승총은 손으로 혼합한 검정 화약과 쇠를 망치로 두드려 만든 조잡한 총알을 사용했다. 그들은 총신의 움푹 팬 곳에 고운 화약을 담고 그것을 오른쪽 팔에 감긴 긴 끈에 연결시켜 불을 붙여 발사했다. 탄약이 귀하고 그들의 모난 탄알은 위협이 없었으며 착탄거리가 짧기 때문에 사냥꾼들은 호랑이나 곰의 불과 몇 피트 떨어진 곳에서 사격을 한다.

(W. F. 샌즈 지음/신복룡 역주, 1999, p. 147)

••　　조금 과장이 섞였으리라고 보이는 대목이다. 먹지 않고 하루 종일을 걸을 수 있는 사람은 없다. 사람들의 체력이 매우 뛰어나다는 점을 경탄의 시선으로 바라보고, 과장 섞인 표현으로 적은 내용이리라. 어쨌든 체력이 좋아 보이는 조선의 사냥꾼들은 별로 먹지도 않으면서 멀고 긴 길을 걸을 수 있었다는 얘기다.

　　사냥술 또한 뛰어났던 모양이다. 뛰어난 체력으로 험준한 산악을 오르내리면서 맹수들의 뒤를 쫓아다니고 정작 그 짐승들이 앞에 나타났을 때에도 날래고 용감한 몸놀림으로 사냥을 하는 모습이 그려져 있다. 당시 샌즈와 일행들은 최신의 소총으로 무장을 했을 것으로 보인다. 그에 비해 조선의 사냥꾼들이 사용하는 총은 임진왜란 때 일본군이 사용한 조총鳥銃의 수준에서 별반 나아질 게 없는 구닥다리의 무기였다. '긴 끈에 연결해 불을 붙여 발사했다'는 표현으로 따지면 임진왜란 때 일본군이 사용한 화승총火繩銃 형태의 소총이다.

　　샌즈 일행은 자신들이 지닌 최신식 소총으로도 호랑이나 표범 등 맹수를 사격하는 데 실패하지만, 조선의 사냥꾼들은 그보다 한참 뒤진 성능의 화승총으로도 사냥에 실패하지 않는다는 묘사다. 화승총은 신속한 사격이 불가능한 구식 무기다. 그럼에도 조선의 사냥꾼들은 호랑이나 표범, 곰 등의 사냥감에 바짝 다가가 공격을 감행했다.

우습게보였던 조선의 사냥꾼들이었으리라. 그럼에도 그들이 보이는 용맹성과 신속함, 강인함 등은 샌즈의 머리에 매우 깊은 인상을 심어줬던 것으로 보인다. 보통의 조선인과는 다른 외모의 특이성에 날래고 용감한 사냥술까지 겹쳐진 이들 조선 산야山野의 사냥꾼들은 급기야 샌즈로 하여금 특별한 인상기를 기록하게 만들었던 것이다.

백정의
탄생

구한말 제물포항에 도착한 윌리엄 프랭클린 샌즈의 눈에 '매우 흥미로운 존재'로 보인 빨간 머리칼의 호랑이 사냥꾼은 어떤 존재일까? 그들의 생김새는 왜 다른 일반의 조선인과 '달라도 한참 다르다'고 해도 좋을 만큼 특별했을까. 그리고 커다란 키에 날렵한 행동으로 맹수 곁에 바짝 다가가 사냥을 하는 그들의 기술은 어디서부터 유래한 것일까?

점차 그들의 존재에 의문을 품지 않을 수 없다. 그들은 한반도의 강산 위에서 오랜 기간 머물며 살았던 조선의 일반인들과는 분명히 다른 별종으로 보인다.

이 다른 모습의 호랑이 사냥꾼은 왜 백정이 되었을까? 그렇다면 그 백정은 어디로부터 어떻게 움직여 와서 한반도에 뿌리를 내리고 살아가게 된 것일까.

●●

재인才人과 백정은 본디 모두 이류異類인데, 농업은 일삼지 않고 사람이 살지 않는 곳에 모여서 오로지 도둑질만 일삼으니, 이러한 조짐을 키워서는 안 될 것이다. 이미 그들을 민간에 분산시켜 섞여 살게 한 것은 그들의 간교한 술책을 방지하여 점차로 양민良民이 되게 하려는 것이었다.

(「성종실록」, 성종 7년 7월 18일)

조선시대에 들어오면서 아주 특수한 집단이 한반도의 역사 무대에 등장한다. 이들이 모습을 나타내는 정확한 시대는 추정하기 힘들다. 그러나 조선에 들어오면서 이들의 모습은 매우 확연해진다. 그들이 바로 백정이다. 백정은 『조선왕조실록』 등 왕조의 공식문서들에 '이류異類', '이종異種', '호종胡種', '별종別種' 등으로 표기되어 있다. 이들의 존재는 매우 눈에 띈다. 이들을 표현하는 단어에 다르다는 뜻의 '이異', 한반도에 원래 거주했던 사람과는 다르다는 의미의 '호胡', 원래의 것과는 다르다는 뜻의 '별別'이라는 글자가 붙었기 때문이다. 이들은 적어도, 원래 한반도에 살아왔던 한민족과는 별개의 종족이라고 볼 수 있었으며, 나아가 별개의 종족 또는 일반인을 의미하는 양인良人과는 다른 무리인 이류라고 볼 수 있는 집단이었다. 다른 종류의 사람, 즉 '이류'라고 불렸던 백정은 왕조 초기부터 농사도 짓지 않고 일반인과는 사는 곳도 다르며, 심지어는 도둑질만 일삼는 이방인으로 취급받고 있었다. 구체적인 기록을 보면,⁴ '재인과 백정은 그 선조가 호종'이라고 하여 아예 백정을 북방 오랑캐의 후예로 단정하며 왕조

....
4 『성종실록』, 성종 22년 4월 23일.

●●
집현전 직제학集賢殿直提學 양성지梁誠之가 상소上疏하기를, "……
대개 백정을 혹은 화척이라 하고 혹은 재인, 혹은 달단이라 칭하
여 그 종류가 하나가 아니니, 국가에서 그 제민齊民, 백정을 균등하
게 다스림하는 데 고르지 못하여 민망합니다. ……본시 우리 족속
이 아니므로非我類, 유속遺俗, 지금까지 남아 있는 옛날의 풍속을 바꾸
지 않고 자기들끼리 서로 모여 있고 자기들끼리 서로 결혼합니
다……."고 하였다.

(『세조실록』, 세조 2년 3월 28일)

●●●
우리나라에는 특별한 종류別種의 사람이 있는데, 사냥과 유기柳
器 제조로 업을 삼았으니, 편호編戶, 호적에 편입된 가구의 백성과 다르
다. 이를 이름하여 백정이라고 하는데, 곧 전조前朝, 고려의 양수척
揚水尺이다.

(『중종실록』, 중종 5년 8월 4일)

의 신민臣民과는 별개의 종족으로 간주한 것이다.

이른바 호종, 이류 등 이방인으로 왕조의 공식문서들에 표기된 백정은 적어도 하나의 부류가 아니었다. 왕조의 관료들은 백정이 화척禾尺, 재인才人, 달단韃靼 등 여러 집단으로 이뤄진 존재라고 파악했다. 이러한 사실은 세조 때 집현전 직제학이었던 양성지의 상소문을 통해서도 분명히 확인할 수 있다. 또한 그가 백정들의 존재를 '아류가 아닌非我類 종족'으로 표현한 것으로 보아, 왕조 초기에도 통치그룹인 조정의 군주나 신료들에게 백정은 이방인으로 보였다는 점이 분명하다.

앞에서 길게 인용한 샌즈의 회고대로 조선인 안에는 일반 조선인과 외모 등에서 특별히 구별할 수 있는 특색을 지닌 '별종의 조선인'이 있었다. 그들은 함께 같은 땅에서 살았던 조선인들 여럿과 함께 줄지어 세워 놓으면 신체의 특성으로 인해 '이 사람은 분명히 어딘가 다른 존재'라고 구별할 수 있을 만큼 특이했다. 그들은 『조선왕조실록』에 분명한 기록으로 나타나고 있다. 그러나 그들이 조선에만 존재했던 것은 아니라고 보인다. 그보다 더 전에 존재했으리라는 추정이 가능한 여러 증거들이 존재한다. 그들이 갑자기 한반도의 역사 무대에 그곳에 터전을 잡고 사는 '거주인'으로 등장하지 않았으리라는 점은 우선 조선의 『중종실록』중종 5년 8월 4일에 적혀진 기록

●●
양수척은 ……수초水草를 따라 옮겨 다니며 사는 것이 일정하지
않고, 오직 사냥을 일삼고 <u>유기</u>를 제조하여 파는 것을 직업으로
삼았다.

(『고려사』, 열전 최충헌조)

실록에 적혀 있는 '<u>유기</u>'는 버드나무 가지를 이용하여 만든 바구니 등의 생활용
품을 말한다.

으로 추정이 가능하다. 이를 근거로 따져보면 이들은 적어도 고려시대부터 한반도에 거주했다.

양성지의 상소문처럼 '비아류非我類', '별종'으로 표기한 이들은 쉽게 풀어 말하자면 '이방인'의 개념이다. 별종인 백정은 호적에 편입된 가구의 백성과는 다른 종족이었다는 얘기다. 백정은 조선 왕조 초기만 해도 유랑생활을 했기 때문에 호적에 편입되지 않은 자가 많았다.

구한말의 샌즈는 호랑이 사냥꾼과 백정을 별개로 파악했다. 그러나 여기서 보듯이 호랑이 사냥꾼은 바로 백정이었다. 그리고 『중종실록』의 이 기록에서 조선 왕조의 백정이 고려시대에는 '양수척揚水尺'으로 호칭되었다는 사실을 확인할 수 있다. 한마디로 조선의 백정은 양수척의 후예인 것이다.

이렇게 백정의 전신인 양수척은 그 직업이 농업이든 상공업이든 어업이든 왕조의 여타 구성원이 정착생활하는 것과 달리, 한곳에 정주하지 않고 이곳저곳 떠돌아다니면서 살아갔다. 그래서 백정은 조선 왕조 초기에 분명히 이방인 취급을 받았다. 그들이 생업으로 삼았던 일은 물가에 자라는 풀과 나무를 찾아 옮겨 다니며 목축하거나, 유기를 만들어 팔거나, 짐승을 사냥해 그 고기를 팔아 입에 풀칠을 하는 것이었다.

한반도가 오랜 농경사회였으며, 따라서 한반도 거주인 대부분이 한곳에 터전을 잡아 곡식과 채소를 재배하며 살아가는 정주定住 형태의 삶을 보였다는 점을 감안하면 정처 없이 여러 곳을 옮겨 다녀야 했던 이들은 분명히 그와는 다른 종족이거나 별개의 집단이었다고 봐야 옳다.

고려시대에는 이미 백정이 있었다. 하지만 조선의 백정이 아니라 일반 백성 중 한 부류를 의미했다. 그렇다면 고려의 양수척이 어떻게 조선 왕조에 들어와 백정으로 불렸던 것일까? 물론 양수척의 존재는 조선 왕조 문종 때의 기록에서도 찾아볼 수 있다. 그 밖에도 『조선왕조실록』에서 몇 건의 기록을 찾아볼 수 있지만, 모두 고려시대의 양수척에 관한 언급일 뿐 양수척이 곧 백정이라는 기록은 없다.

이 때문에 고려시대의 양수척이 조선시대에 백정으로 불리게 된 경로에 대해 궁금하지 않을 수 없다. 하지만 안타깝게도 현재로서는 이런 의문에 대해 속 시원하게 풀어줄 만한 사료史料가 없을 뿐만 아니라, 명쾌하게 규명한 연구 성과도 없다.

다행히 "화척은 곧 양수척이다禾尺卽揚水尺"라는 기록이 『고려사』에 있어,[5] 백정의 한 부류인 화척이 양수척의 후예임은 짐작할 수 있다.

그렇기 때문에 백정의 또 다른 부류인 재인과 달단에 대해서는 아쉽게도 결정적이며 직접적으로 증명해줄 만한 사료는

....
5 『고려사』, 우왕 8년 4월조.

••

우리나라의 풍속으로 말하더라도 양수척이라는 것은 전조前朝,
고려의 초기에 있었는데, 강도江都, 강화도 때에도 또한 있었으며, 재
인과 백정화척은 충렬왕 때에 있었는데 공민왕 때에도 있었으므로,
먼 것은 5, 6백 년, 가까운 것은 수백 년을 올라가지 않습니다.
그 현가絃歌, 거문고 따위와 어울려서 하는 노래의 풍습과 재살宰殺, 도축
의 일은 지금까지도 고치지 않았습니다.

(『예종실록』, 예종 1년 6월 29일)

없지만 그 편린을 보여준 자료들을 이용하여 퍼즐 맞추기식으로 궁금증을 해소할 수밖에 없다. 미흡하게나마 『예종실록』 예종 1년 6월 29일의 기록은 질문에 대한 단서를 제공해 주고 있는데, 여기서 몇 가지 실마리가 보인다.

우선 눈에 띄는 대목은 백정으로 통칭된 집단이 고려 초기에는 양수척으로 불렸다는 사실이다. 다음으로 원나라와 전쟁을 대비하기 위해 강화도로 천도한 시기에도 여전히 양수척으로 표기되고 있다는 점이다. 그리고 고려 왕조가 원의 지배하에 있던 시기, 즉 충렬왕 및 공민왕 때에 와서 양수척은 재인과 화척으로 표현되고 있다는 점이 그렇다.

앞서 예를 든 『중종실록』중종 5년 8월 4일의 기록은 충렬왕 이후 재인과 화척으로 적힌 양수척이 조선 왕조에 와서는 백정이 된 사실을 알려주기도 한다. 그러므로 백정의 여러 부류 중 하나인 화척뿐만 아니라 재인도 양수척의 후예일 가능성이 크다.

아울러 『예종실록』예종 1년 6월 29일에 등장하는 백정은 1423년세종 5에 와서 재인과 화척을 백정으로 개칭한 후 생긴 명칭이니, 화척으로 고쳐야 맞다. 1423년 개칭한 명칭을 소급 적용하여 화척을 백정으로 표기하고 있기 때문이다. 『조선왕조실록』에서 재인과 화척을 병기倂記하는 것은 흔한 일이니, 더욱 그러

●●

김인경金仁鏡이 재인들을 군진 앞에 나열하고 북을 울리면서 잡희
雜戲를 공연하게 하고 또 활을 잘 쏘는 군사 20여 명을 시켜서
일시에 활을 쏘니 화살이 성 중으로 넘어 들어갔다.

(「고려사」, 열전 김인경조)

●●●

양광도楊廣道와 전라도에 사람을 보내 제주인과 화척 및 재인을
남김없이 다 동원하여 서북면의 수비병으로 충당했다.

(「고려사」, 공민왕 5년 9월조)

양광도는 고려시대 지방행정구획인 5도道의 하나로, 지금의 경기도 남부지역과 강
원도 일부, 그리고 충청남북도의 거의 대부분 지역이 이에 해당한다. 고려 초기부
터 조선 초기까지 설정되어 있었던 특수지방행정구역인 북계北界와 동계東界가 있었
는데, 각각 서북면과 동북면이라 불리기도 했다. 대개 서북면은 평안도 지역, 동북
면은 함경도와 강원도의 일부 지역을 뜻한다.

하다고 볼 수 있다.

실제 고려시대에는 백정이 재인 및 화척과 같은 부류를 가리키는 호칭도 아니었다. 백정은 고려시대만 해도 일반 백성 중 한 부류를 의미했다. 고려시대의 16~60세의 성인 남자丁男는 의무적으로 군역軍役이나 정역定役을 져야 했는데, 바로 이 군역·정역 부담자들을 정호丁戶라고 불렀으며 그렇지 않은 나머지 백성들을 백정이라 했다. 이들 백정 또한 완전히 면제의 혜택을 받는 것이 아니라, 관청이나 군대 등에 결원이 생기면 보충되는 자들이었다. 고려 때 '재인'은 연예인이었다.

●● 『고려사』열전 김인경조에 재인들이 군진 앞에서 북을 울리는 등 잡희, 요즘 식으로 말하자면 서커스의 일종을 공연하게 했다는 기록이 있다. 1216년고종3 거란족이 몽골군의 추격을 피해 고려의 대주岱州로 몰려들자, 고려군이 몽골군과 연합하여 공격할 때의 상황이다. 이것만 보더라도 사실상 고려가 원의 식민지로 전락할 무렵, 양수척이 재인 내지 화척으로 불리게 된 것을 알 수 있다.

●●● 고려 후기 이후 조선 초기에 이르기까지 재인과 화척은 『고려사』공민왕5년9월조의 기록처럼 나란히 나타난 것이 일반적이다. 그럼에도 조선의 일부 관료들은 "재인과 화척은 내외조內外祖의 이름자를 알지 못하는 자가 파다하고 족류族類가 각각

●●

지방에 있는 재인들이 나례儺禮 때문에 모두 서울에 모이는데, 이같은 흉년에 양식 얻기가 곤란하며, 또 내년에 중국 사신이 오면 반드시 또 올라와야 하므로 해마다 상경하는 것은 폐단이 있을 것이니, 금년에는 나례를 정지하기를 청합니다.

(『연산군일기』, 연산군 8년 11월 17일)

●●●

예전부터 내려온 관례로는 나례는 기일 전 2개월 동안 미리 연습했다.

(『연산군일기』, 연산군 8년 11월 3일)

●●●●

재인 한복련韓卜連이 임금에게 말하기를, "신이 이 지경에서 생장生長하여 다른 기술은 없고 호랑이를 잡는 것으로써 직업을 삼았는데, 전후에 잡은 것이 무릇 40여 마리나 됩니다"고 했다.

(『세조실록』, 세조 6년 10월 12일)

선지宣旨, 임금의 명령을 널리 선포함하기를, "······앞으로 양근楊根·광주廣州에서 사냥을 할 터이니, 곧 병조로 하여금 경기도 각 고을의 재인·화척을 초벌리草伐里로 모이도록 약속하라"고 하였다.

(『세종실록』, 세종 1년 2월 20일)

다르다"는 기록[6]에서 볼 수 있듯, 재인과 화척의 그 계보가 다른 것으로 파악하고 있었다.

앞에 예시한 『고려사』의 기록으로 미루어 볼 때, 재인은 글자 그대로 양수척 가운데 잡희 등 공연 관련 일을 하던 부류를 지칭한 것으로 여겨진다. 그들 중 예능 자질이 뛰어난 전국의 재인 부류는 흔히 궁중에서 열리는 나례儺禮행사에 동원되었다. 이는 『연산군일기』에서 확인할 수 있다.

본래 나례는 해마다 섣달 그믐날에 악귀를 쫓기 위한 행사였지만, 중국 칙사의 영접행사 등에도 열렸다. 궁중의 나례행사는 흉년 등 자연재해가 심한 해에는 취소되기도 했다. 이렇게 궁궐에서 열린 나례는 공연이 시작되기 2개월 전부터 연습하고 준비하는 것이 오랜 관례였다. 그러나 재인이 공연이나 이벤트에만 종사한 부류는 아니었다.

조선시대에 와서도 재인 역시 화척처럼 북방 유목민의 후예답게 사냥에도 종사했다. 호랑이를 무려 40여 마리나 잡은 재인 출신 한복련의 사례에서 보듯 재인들은 사냥에도 능숙했다. 『세종실록』에 따르면 국왕 세종은 지금의 양평인 양근 및 광주 지역에서 사냥하고자 경기도 각 고을의 재인과 화척

---

6 『세조실록』, 세조 8년 1월 27일.

●●
양수척이라는 것은 전조前朝의 초기에 있었는데, 강도江都 때에도
또한 있었으며, 재인과 백정은 충렬왕 때에 있었는데 공민왕 때에
도 있었다.

(『예종실록』, 예종 1년 6월 29일)

에 대한 총동원을 내렸다. 이렇게 국왕이 차출할 정도로 재인 역시 화척과 마찬가지로 사냥 솜씨가 뛰어났다. 그래서 재인과 화척은 조선왕조 때 국왕이 주관하는 사냥에 자주 동원되었다.

지금까지 확인한 여러 사례들을 볼 때 화척과 재인이 유목민으로서 생활방식이 그다지 다르지 않을 뿐만 아니라, 양수척의 후예로 인식돼서 두 부류의 병기가 관례화된 것으로 여겨진다. 재인과 화척을 병기한 사례는 이미 몇 번이나 제시되었다. 앞으로도 이런 사례를 자주 보게 될 것이다. 즉 1356년공민왕 5 이후부터 조선이든 고려든 왕조의 공식문서들에서 재인과 화척의 병기는 관행인 것이다.

1423년세종 5에 재인, 화척 등이 백정으로 개명된 뒤에는 재인·백정으로 병행되어 나타난 것이 일반적이었으며, 그 단적인 사례가 『예종실록』예종 1년 6월 29일에 나타난 기록이다. 이처럼 그들의 생활방식은 그다지 차이가 나지 않았다.

"대개 백정을 '화척'이라 하고 혹은 '재인', 혹은 '달단'이라 칭하여 그 종류가 하나가 아니니, 국가에서 그 제민齊民하는 데 고르지 못하여 민망합니다"라는 양성지의 견해에 따르면, 백정의 부류에는 재인, 화척, 달단 등이 있다. 이 중 재인과 화척이 양수척의 후예라고 단정해도 그다지 문제될 것 같지는

않다.

그럼 달단은 어떤 존재였을까? 백정의 또 다른 부류로 등장하는 집단이 달단韃靼인데, 우리말로 '달달'이라 읽기도 한다. 『조선왕조실록』 등 왕조의 공식문서들에서는 달단을 달달達達, 달자達子 등으로 표기하기도 하였다.

원래 달단은 "내명 太祖가 곰곰이 생각하니 제주의 이 목자牧子들은 원나라몽골의 달달인達達人으로서 본래 목축으로 직업을 삼고 농사지을 줄은 전혀 모른다"는 『고려사』공민왕21년9월조의 기록처럼, 몽골의 한 부족인 달단족인 것이다. 달단은 이처럼 몽골족의 여러 부족 가운데 한 부족을 지칭하는 용어로 사용되었다.

만주 흥안령興安嶺 서쪽 기슭이나 음산陰山산맥 부근에 살던 몽골족의 한 부족인 타타르Tatar가 바로 이들 달단인 것이다. 흥안령, 곧 상안링은 중국 네이멍구 자치구內蒙古自治區와 동부 헤이룽장성黑龍江省 북부 산맥을 아울러 부르는 총칭이다. 음산산맥, 곧 인산산맥은 중국 네이멍구 자치구에 있는 산맥이다. 그들은 우리의 기록에도 자주 등장한다. 때로는 강한 무력을 앞세워 주변의 여러 집단에게 공포의 존재로 나타나기 때문이었다. 몽골과 달달을 병치해 같은 존재로 파악하는 경우도 적지 않았다.

••

안숭선安崇善은 말하기를, "달달인 중에서도 어찌 호걸이 없겠습니까? 원나라 세조世祖는 천하를 통일했으므로 세상에서 모두 성인으로 일컫게 되고, 또 그 신하에 탈탈태사脫脫太師 같은 이가 있었습니다"고 했다.

(『문종실록』, 문종 1년 8월 29일)

•••

병조兵曹에서 보고하기를, "재인과 화척은 본시 양인良人으로서, 직업이 천하고 호칭이 특수하여, 백성들이 다 다른 종류別種의 사람으로 보고 그와 혼인하기를 부끄러워 하니, 진실로 불쌍하고 민망합니다. 비옵건대, 칭호를 백정이라고 고치오십시오……"하니, (임금이) 그대로 따랐다.

(『세종실록』, 세종 5년 10월 8일)

•• 　이처럼 문종 때의 기록을 보면 달단은 몽골인 전체를 가리키기도 하였다. 적지 않은 경우에 달단(인)은 몽골(인) 전체를 지칭한 용어로 사용되기도 한다. 이렇게 백정의 또 다른 부류인 달단은 그것이 몽골족의 한 부족을 가리키든 몽골족 전체를 지칭하든 몽골족의 후예임이 틀림없다. 이 같은 계보를 지닌 달단을 비롯하여 양수척의 후예인 재인과 화척 모두가 1423년세종5 이후부터 백정으로 부르게 된 것이다.

백정의 출현

••• 재인과 화척, 즉 양수척의 후예가 백정으로 개칭된 것은 세종 5년 10월 8일의 일이다. 조선왕조의 위정자들은 재인과 화척이 본래 양인이지만 하는 일이 천하고 호칭이 달라 백성들로부터 소외당하고 있다고 판단했다.

　그래서 세종은 재위 5년 10월에 그들이 따돌림당하지 않고 평민과 함께 어울릴 수 있도록 백정으로 고쳐 부르자는 병조의 건의를 받아들였다는 것이다. 세조 때 양성지가 백정은 화척, 재인, 달단 등으로 이루어진 것으로 파악하고 있듯이, 달단 역시 백정으로 호칭되었다. 몽골족의 후예인 달단 역시 재인 내지 화척과는 그 계통은 다르지만 똑같이 유목민적 생각도 관찰사와 개성부 유수開城府留守에게 전지傳旨, 승정원의 담당 승지를 통하여 전달되는 왕명서(王命書)하기를, "재인이나 화척 등이 외딴 곳에 모여 살면서 농업을 하지 않고 오로지 유기나 피물皮物, 짐승의 가죽 등으로 생업生業을 삼고 있으므로, 일찍이 백정이라고 고쳐 부르게 하고 전지田地를 주어서 평민들과 섞여 살면서 서로 혼인하게 한 법이 『육전六典』에 실려 있다. 지금 들으니, 관리와 백성들이 신백정新白丁이라고 부르면서 평민들과 비교하여 차별을 두며, 그곳 수령들이 사냥 등 여러 가지 일에 부리고, 유기를 공공연히 거두어 가는 일까지 있다고 하니, 그들에게 시키는 잡역雜役의 상황을 갖추어 기록하여 계문啓聞, 신하가 글로 임금에게 아뢰던 일하라"

(『세종실록』, 세종 24년 8월 6일)

여기서의 『육전六典』은 백정으로 개명된 후 편찬된 『속육전續六典』을 말한다. 흔히 『원육전原六典』과 『속육전續六典』을 통칭하여 『육전』이라 했다. 1397년태조 6 12월 26일활방식을 유지했기 때문에 그들 부류 모두를 1423년 이후부터 백정으로 통칭되었다.

왕조 초기부터 위정자만이 아니라 백성들까지도 화척 등의 부류를 별종, 즉 이방인으로 취급하고 있었다. 이처럼 이방인 대우를 받아온 재인과 화척, 달단이 백정으로 개명된 것은 차별 없이 평민과 동등한 대우를 받을 수 있도록 하려는 배려에서 출발하였다. 그러나 그들이 호칭이 바뀐 것만으로 평민과 동등하게 대우받을 수는 없었다. 실제 관리는 물론이고 백성마저도 이들과 같이 백정으로 불리기를 꺼려했다.

•• 국가적 방침이 제대로 세워졌다고는 하지만 백정의 생활이 바로 나아지리라는 법은 없다. 1442년세종 24 8월의 기록을 보면, 재인과 화척 등이 처한 현실은 바뀌지 않았으며 여전히 가혹했다. 백정으로 개명된 후에도 '신백정新白丁'이라 하여 평민과 구별하여 불러 차별받는 일이 비일비재했다. 여전히 사냥 등에 동원되어 사역당하거나, 유기 납부를 강요받는 등 냉대를 받았다. 행정명령이 내려오더라도 당장 문제가 되는 현상이 고쳐지는 사례가 드문 오늘날의 현실과 매 한 가지라고 볼 수 있다.

여기저기에 흩어져 내려오는 그 기록 등을 살펴보면, 백정에 대한 조정의 관심과 배려가 그 안에서 결정한 대로 현실에 공포되어 시행된 『원육전』은 왕조 최초의 법전으로 현재 전하지 않으나, 왕조실록에 부분적으로 인용되어 일부 내용은 파악할 수 있다. 『속육전』은 1413년태종 12의 『경제육전속전經濟六典續典』, 1428년세종 10의 『신속육전新續六典』과 1433년세종 15의 『신찬경제속육전新撰經濟續六典』을 통칭해 부르는 명칭이다. 이들 『속육전』 역시 현재 하나도 전해오지 않으며, 조문의 일부만이 실록 여기저기에 인용되어 있을 뿐이다.

●●

국가에서 양색백정兩色白丁으로 하여금 평민平民과 섞여 살게 했다. ……그러나 백정과 평민은 서로 혼인하지 않고 각각 스스로 구별한다.

(『문종실록』, 문종 1년 6월 16일)

바로 이어지지 않음을 볼 수 있다. 앞에서 살핀 대로 차별과 냉대는 계속 이어져 백정이라는 집단이 위로는 관아로부터, 아래로는 일반 백성에게까지 계속 차별적인 대우에 시달렸음을 알 수 있다. 세종 연간의 결정은 효력을 유지했겠지만, 그 방안이 현실로 뿌리를 내리는 과정은 멀고도 험난했다는 얘기다.

이처럼 개명된 뒤에도 여전히 사회적 차별을 받았다는 사실은 계속해서 찾아볼 수 있었으며, 오히려 재인과 화척 출신의 백정을 따로 구분 짓는 호칭이 만들어지는 부작용도 생겨났다. 『문종실록』문종 1년 6월 16일에는 양색백정兩色白丁이라는 호칭이 등장하는데 재백정才白丁과 화백정禾白丁을 말하는 것으로, 재인의 경우는 앞에 재를 붙여 '재백정', 화척은 '화백정'으로 부름으로써 여전히 차별의 대상이었음을 보여준다. 결국 그 호칭이 무엇이든 백정으로 통칭된 무리는 소외받던 존재의 대명사였을 뿐이다.

세종이 세상을 뜬 뒤 그의 아들 문종이 자리를 물려받은 뒤에도 역시 백정은 조정의 방침에 따라 '백정'으로 통일키로 했는데도 불구하고 여전히 차별적인 구분과 호칭에 시달리고 있음을 보여주는 기록이다. 그런 구별이 여전히 존재함은 역시 그런 호칭에 담긴 차별적 시선이 아직 남아 있다는 얘기와 다름없는 셈이다.

시대적으로 살펴보자면, 고려시대의 백정은 가장 광범위하게 존재했던 일반 백성을 뜻했다. 그러다가 조선 초에 접어들면서 평민, 양인, 백성 등으로 불렸으며, 백정은 주로 도축업에 종사하던 계층을 가리키는 명칭이 되었다. 이제 백정은 평민을 가리키는 용어가 아니라 재인, 화척, 달단만을 지칭하게 된 것이다.

시대가 흐르고 호칭이 변하며 그들을 분류하는 방식도 달라졌지만 분명한 공통점이 있다. 일반 백성들은 백정들이 종사한 업종을 천하게 여겨 직접 하지 않았다는 점이다. 백정이 사회적으로 차별과 멸시의 대상으로 전락하게 된 까닭이 바로 여기에 있다고 볼 수 있다. 자신들은 천하다고 여겨 하지 않는 일을 하는 사람들, 결국 백정들이 천한 일을 하고 있었기에 천한 존재로 멸시를 받았던 것이다.

일반적인 백성의 의미로 사용했던 고려의 '백정'이라는 단어가 세종 연간에 들어와 다시 재인과 화척, 달단을 지칭하는 단어로 자리를 잡았다. 이때의 백정은 역시 다른 일반 백성들과 구별 없이 한데 어울려 살 수 있도록 하자는 배려에서 조선의 조정이 고려 당시의 예를 원용한 경우다. 그럼에도 민간에서 줄곧 내려오는 차별과 냉대는 그대로 남아 백정에 관한 호칭을 차별적으로 사용했던 것이다. 왜 그런 차별이 이어지고 있었을까.

사회적 차별의 대상

조선 초기의 양인에는 그 주축인 상민常民만이 아니라 위로는 문무 관료로부터 아래로는 신량역천인身良役賤人, 법적으로는 양인이지만 천역(賤役)에 종사한 사람에 이르는 다양한 계층이 포괄되어 있었다. 하지만 법적으로 같은 양인이더라도, 양반과 신량역천인 사이에는 엄청난 신분적 차별이 존재하였다.

조선 왕조가 출범한 뒤 사회문제로 등장한 것 중 하나가 양천의 분간이라는 문제였다. 본래 양인 신분이었던 자가 고려 말 사회적 혼란기에 압량壓良·투속投屬 등의 방법으로 천인이 된 경우가 많았다. 하지만 1361년공민왕 10 홍건적의 개경 점령 때 호적이 없어지면서 이들의 본래 신분을 판별한다는 것은 쉽지 않았다. 그래서 왕국은 양천 신분이 분명하지 않을 때 양인 신분을 인정하면서 그들을 특수한 직임에 충당시켰다. 출신은 양인이면서 특수한 일, 나아가 일반인들이 꺼리는 천한 일을 하는 사람, 즉 신량역천인은 그로 인해 다수가 생겨 나고 있었다.

이들 신량역천인은 일반인들이 천하게 여기던 일을 하고

있어서 천인에 가까운 대우를 받았다. 이들의 역하는 일은 매우
다양했다. 그 대표적인 예는 흔히 조례皁隸·나장羅將·일수日守·
조군漕軍·수군水軍·봉군烽軍·역보驛保 등 이른바 7반천역七般賤
役을 말한다.

조례는 중앙의 관청에 배속되어 관리의 호위·수행이나 형
刑의 집행 등을 담당했다. 조례는 나장과 비교할 때 부역조건
이나 신분에서 큰 차이가 없었고, 그들이 종사하는 일도 비슷
했다. 나장은 사정司正·형사업무를 맡는 중앙 관아에 배치되
어 죄인을 문초할 때 매를 때리거나 귀양 가는 죄인을 압송하
는 일 등을 맡았다. 그래서 조선 후기에 와서 나장과 조례가
조례로 통칭되었다.

일수는 지방의 각 관아나 역驛에서 소속되어 잡무에 종사
했다. 조군은 조졸漕卒이라고도 했다. 이들이 맡은 역은 세곡
의 조운漕運만 아니라 선박의 수리 및 간수 등이다. 수군은 각
수영水營에 배속되어 입번立番하던 해군이었다. 조군과 수군은
항해 도중 침몰·익사의 위험이 항상 따르고, 오랫동안 해상
에서 근무해야 하기 때문에 모두가 고역으로 여겼다.

봉군은 봉수대 위에서 기거하면서 밤에는 봉烽, 횃불, 낮
에는 수燧, 연기로써 긴급한 소식의 전령 등을 맡았다. 역보는
역리驛吏·역졸驛卒이라고도 하는데 각 역에 배속되어 역마驛馬

●●
우리나라에서 가장 천한 자는 백정이다. 그렇지만 가장 두려워할
만한 자도 백정이니, 그들이 가장 천하기 때문이다.

(「청성잡기」, 제4권, 醒言)

의 사육과 그 밖의 잡무를 담당했다.

이들 칠반천역인과 달리, 평민조차도 상종하지 않는 집단이 있었으니 그들이 바로 백정이다. 백정은 영원한 이방인인 듯했다. 이러한 백정의 사회적 지위는 조선 후기에 와서도 개선되지 않았다.

『청성잡기靑城雜記』에 등장하는 성대중成大中, 1732~1809년의 "우리나라에서 가장 천한 자는 백정이다"라는 지적은 백정의 이런 처지를 단적으로 보여주고 있다. 『청성잡기』는 성대중이 편찬한 잡록집雜錄集인데, 여기에는 모두 100여 편의 국내외 야담이 수록되어 있다. 18세기 조선의 선비 눈에 비친 당대 한반도 사람들의 삶이 그대로 그려져 있다.

성대중은 역시 차별적인 사회의 시선을 온몸으로 이겨가야 했던 서얼庶孽, 서자 출신이었다. 영조英祖가 서얼에게도 벼슬길에 나가는 길을 열어주자, 서얼이라는 신분상의 차별을 이기고 조정에 나갈 수 있었던 인물이다. 조선은 영조와 정조 연간에 들어와 시대의 흐름을 다시 읽으며 왕조의 명운을 다시 일으키기 위한 작업에 착수한다. 성대중은 그런 미묘한 시기에 역시 서얼 출신으로 변화의 흐름을 읽은 사람이다. 그의 눈에 비친 백정은 여전히 심한 차별에 시달리는 존재였다.

백정은 일상생활의 모든 구석에서도 심한 차별을 받았다.

명주옷은 말할 것도 없고, 양인의 평상복인 넓은 소매의 겉옷조차 입을 수 없었다. 물론 망건, 가죽신도 착용할 수 없었다. 또한 평민이 쓰는 검은 옻칠을 한 갓 역시 쓸 수 없었다. 심지어 백정은 어린아이에게조차도 늘 머리를 숙이고 자신을 소인이라 부를 정도로 굴욕적인 차별을 받았다.

일상생활에서뿐만 아니라 혼례와 상례, 제례에서도 심한 차별을 받았다. 결혼식 때 백정은 말이나 가마를 탈 수 없었다. 게다가 비녀를 꽂아 머리조차 올리지 못할 정도였다. 상례 땐 상여도 이용할 수 없었다. 묘지도 일반인과 따로 잡아야 했다. 물론 사당도 만들 수 없었다.

이들 백정으로 통칭되던 무리는 왕조의 전체 인구에서 차지하고 있는 비율이 꽤 높았다. 이런 사정은 "재인백정이 한 고을에 사는 수는 평민에 비교하여 3분의 1, 혹은 4분의 1이나 되는데도 홀로 신역身役이 없고 마음대로 한가하게 놀고 있습니다"라는 기록이 뒷받침해 주고 있다.[7] 이처럼 백정의 인구수는 한 고을에 사는 평민과 비교하여 3분의 1 내지 4분의 1에 해당할 정도로 대단히 많았다.

백정의 인구 규모는 구체적 사례를 통해서 확인할 수 있

---

[7] 『성종실록』, 성종 4년 12월 18일.

●●
남원에서는 품관品官들이 강성하여, 부내府內의 재인과 백정이 본
래 2천여 명이었는데 모두 품관에게 부리는 바 되어 한 품관이
30~40명씩 거느려 자기 집 안에 살도록 하고 있습니다.

(「중종실록」, 중종 7년 11월 4일)

●●●
왕이 남경南京에 도착했다. 이때 귀순한 거란 사람들로서 남경 기
내畿內에 사는 자들이 거란의 가무와 여러 유희雜戲로서 왕을 맞
이했다. 왕이 수레를 멈추고 구경했다.

(「고려사」, 예종 12년 8월조)

다. 예컨대 『세종실록지리지地理志』의 "(남원 도호부의) 호수戶數가 1천 3백 호요, 인구가 4,912명이다"라는 기록을 보면, 세종 집권 당시 남원부의 총인구는 5천 명 정도가 된다.

•• 　중종 때의 기록을 가지고 추정하면, 남원의 당시 주민 5천여 명 가운데 백정이 2천여 명이나 차지할 정도였다. 품관은 관품官品, 벼슬의 등급만을 가진 양반으로, 당장은 관직을 가지고 있지 않지만 이미 관직을 가지고 있었거나 언젠가는 관직을 차지할 수 있는 부류였다.

　전통시대의 인구는 급속히 증가하지 않는다는 학설이 학계의 일반적인 견해임을 전제할 경우, 남원의 총인구에서 차지하고 있는 백정은 비상식적일 정도로 많다고 볼 수 있다. 그 요인은 지리산 기슭에 자리 잡은 남원의 지리적 환경 때문이었다. 즉 백정의 주요 생계수단의 하나가 사냥이었는데, 남원은 사냥감이 많은 지리산 일대에 있었던 고을이었으므로 그들의 인구 구성 비율이 높을 수밖에 없었을 것이다. 이러한 사례는 고려시대에서도 찾아볼 수 있다.

••• 　여기서 고려의 남경은 지금의 서울이다. 1117년예종12 8월에 왕의 행차를 맞이하기 위해 거란족이 동원되었다는 것으로 보아, 온통 산들로 둘러싸인 서울에도 북방 유목인인 거란족이 꽤 많이 거주하고 있었다는 사실을 알 수 있다. 사실 동

원이라고 보기도 힘들다. 오히려 약 900년 전 서울 일대에 무리를 이루면서 살고 있었던 사람의 상당수가 거란족이었다고 볼 수 있다.

'남경' 주민을 대표해서 왕의 행차를 맞이했다면, 그만큼 거란족은 그 지역에서 무시할 수 없을 정도로 많았고, 지역적으로는 그곳을 대표하는 주민이었다고 봐도 무방할 것이다. '서울 토박이'라고 요즘 식으로 말할 경우 서울에서 3~4대 거주한 사람을 일컫는다. 먹는 음식, 말투 등이 외지에서 온 사람들과 분명히 구별지어져 '서울 토박이'라고 하면 왠지 은근히 자랑스러움이 깃들어 있는 호칭이기도 했다.

그러나 연원을 거슬러 올라가면 진짜 '서울 토박이'는 한반도 재래 거주민이 아니라, 깊은 산에 둘러싸인 환경에서 호랑이와 표범, 멧돼지와 조류를 사냥하며 살았던 거란족의 후예라고 보는 게 옳다. 『고려사』에 나오는 위 대목의 진실성을 의심하지 않는다면 더욱 그렇다는 얘기다.

보다 구체적인 정보를 제공하는 사례로는 "처음에 이지영李至榮이 삭주분도朔州分道 장군이 되었는데, 양수척이 흥화興化·운중도雲中道에 많이 살았다"는 『고려사』 열전 최충헌조의 기록을 들 수 있겠다. 이처럼 양수척의 집단거주지역은 흥화도와 운중도였다. 이지영은 무신 집권자 중 한 사람인 이의민李義旼의 아들이다.

흥화도는 지금의 평안북도 철산의 장녕역長寧驛을 중심으로 한 역도驛道로서, 그 관할지역 범위는 안주安州-박천博川-가산嘉山-정주定州-선천宣川-철산鐵山-용천龍川-의주義州로 이어지는 역로와 박천-구성龜城-삭주朔州로 이어지는 역로이다. 운중도는 평양의 장수역長壽驛을 중심으로 한 역도驛道로서, 그 관할지역 범위는 평양-자산慈山-순천順川-개천价川-영변寧邊-운산雲山-창성昌城 등으로 이어지는 역로와 내륙으로 양덕陽德-영원寧遠-희천熙川 등으로 이어지는 역로이다.

이들 역참 역시 고려시대의 남경처럼 서북면에 있는 산악지대로서 사냥에 적합한 지역에 자리를 잡고 있다. 즉 백정의 생활에 적합한 고을들인 것이다. 위의 여러 기록에서 알 수 있는 정황이 하나 있다. 지금의 서울 지역을 비롯해 흥화도와 운중도 등 전국의 각 지역에는 적지 않은 외래인들이 살고 있었다는 점이다.

이 책의 주제와 관련해 그들의 거주지역과 환경을 기록하면서 알 수 있는 것은, 서울을 비롯한 이들 지역은 산악이 발달했다는 점이다. 지금이야 산악이 발달했다는 점이 특별하게 내세울 게 없지만, 조선과 고려 때에는 사정이 달랐다. 산악이 많은 지역에는 한반도 상당수가 그렇듯이 호랑이와 표범 등 맹수가 들끓었고, 각종 산짐승이 자리를 잡고 살아 평범한 백성들이 살아가기에는 위험했다는 얘기다.

그런 지역에 '거란'이라 불렸던 사람들이 살았다는 점은 뭔가 다른 메시지를 전하고 있다. '거란'이라 불렸던 사람들은 북방에서 유입한 존재다. 후삼국시대를 거쳐 고려시대에 들어오면서 우리 한반도 역사에 그림자를 드리우는 거란인들은 시대를 전체적으로 살필 때 후기에 도래한 사람임에 틀림없을 것이다. 그 거란인들은 원래 만주지역에서 수렵을 삶의 근간으로 살아가던 사람들이었다.

사냥에 능했을 법한 거란인들은 한반도 후기 도래인답게 좋은 목을 차지하고 살아가지 못했을 것이다. 적어도 그들이 한반도에 처음 정착을 시작한 무렵에는 더욱 그랬을 테다. 따라서 그들은 자신들이 삶을 이어갈 수 있는 근간을 찾아 움직였을 것이고, 호랑이를 비롯한 맹수와 산짐승을 사냥하는 일은 아주 자연스러운 선택이었을 것이다.

산악 지형이 특히 발달한 서울을 비롯해 남원과 평안도 등지의 지역에 그들이 다수 거주했으며, 심지어는 현지 주민들 중에 상당수를 차지할 수밖에 없었던 이유다. 현존하는 각종 기록에는 그런 장면들이 다수 나타난다. 한마디로 조선시대 백정이 전체 인구 구성에서 차지하는 비율이 고을마다 정도의

차이는 있더라도 앞의 전국적인 사례를 고려하면 상당히 많
았던 것을 알 수 있다.

백정의
조상

백정은 호종, 곧 북방 유목민의 후예이다. 그렇다면 백정은 어떻게 한반도에 정착하게 된 것일까? 그 과정이 자못 궁금할 것이다. 역사적 자료들을 살펴보면 거란 사람들의 귀화 사실을 최초로 전하는 기록은 『고려사』현종 7년 2월조에 보이는데, "임오일에 거란 사람 왕미王美, 연상延相 등 7명이 도망하여 왔다"는 기록이 그것이다.

　이 무렵은 고려와 거란 간의 전쟁 시기였다. 이 와중에 거란군으로 전쟁에 참전했거나 국경지대에 살았던 거란인들이 고려로 탈출하는 사례가 자주 일어났던 것으로 보이는데, 이런 사건들이 바로 『고려사』에 기록된 것이다.

거란족은 원래 요하遼河 상류 유역인 시라무렌西刺木倫 남쪽에서 유목생활을 한 유목민족이다. 이들 거란족은 여덟 개의 부족으로 나뉘어 있었으나, 야율아보기耶律阿保機가 거란 부족을 통일하고 916년 거란국을 세웠다. 이후 947년에 태종이 후진後晉을 멸망시키고 나라 이름을 대요大遼로 고쳤으며, 6대 왕인 성종이 982년 즉위와 동시에 나라 이름을 거란으로 바꾸었다.

성종은 송나라와 전쟁을 준비하기에 앞서 고려와의 관계를 개선하려 했다. 그러나 고려는 이를 받아들이지 않았다. 고려는 거란이 발해를 침략하여 멸망시킨 후 국경이 접하게 되자 발해 유민을 받아들였으며, 북진정책과 함께 친송정책을 펼치는 반면 거란과는 적대관계를 유지하였다.

거란으로서는 송나라와의 전쟁에 고려의 친송정책이 걸림돌일 수밖에 없었다. 송나라 또한 고려와 연합하여 거란과 전쟁을 할 뜻을 내비쳤으며, 멸망한 발해의 유민들이 세운 정안국定安國도 송나라와 협공할 움직임을 보였다. 국제적으로 고립된 거란은 결국 주변국인 정안국定安國을 먼저 정복했다.

정안국을 정복한 거란은 993년성종 12에 80만 대군을 동원하여 고려로 침입해 왔다. 이때 고려는 압록강 동쪽의 강동6주江東六州를 확보하는 대신 송과의 교류를 끊고 거란과의 교류한다는 조건으로 강화를 맺었다. 그러나 거란의 침략은 계속 이어졌다. 1010년현종1 거란은 고려가 송과 친선관계를 계속 유지하면서 자신들과의 교류에는 소극적이자 강동6주를 넘겨줄 것을 요구하며 40만 대군으로 다시 침략했다.

거란의 40만 대군은 파죽지세로 몰려와 개성을 함락시키고야 만다. 그러나 고려군은 굴하지 않았다. 개성으로 파고든 거란의 후미를 공격한 것이다. 후방에서 고려군에게 수차례 패한 거란군은 개성을 점령했으나 퇴각할 길이 없었다. 고려의 철저한 퇴로차단이 두려워진 거란은 고려와 강화조약을 맺고 퇴각할 수 있었다.

다음 침략은 1018년현종9 12월에 일어났다. 10만 대군의 거란군을 섬멸시킨 고려의 장수는 바로 강감찬姜邯贊이었다. 강감찬 장군은 현재의 평안북도 구성지역의 귀주龜州에서 거란의 10만 대군을 물리쳤으니 이것이 바로 '귀주대첩'이다. 거란 병사 10만 명 중에 살아 돌아간 이는 겨우 수천이었다.

이 전쟁 기간 중에 고려인 및 거란인은 서로 거란군과 고려군에 의해 포로로 잡혀가거나 자발적으로 상대국으로 도망가는 경우가 빈번하게 일어났다. 당시의 『고려사』현종7년5월조 기

歸州

••
또 듣자니, 투항하거나 포로가 된 거란인 수만 명 가운데에는 장
인이 열 중 하나가 있었다.
(「고려도경」, 공기조)

록에 따르면, 이주 거란인 가운데 그 규모가 가장 큰 행렬은 30호에 불과하다. "을유일에 거란의 장렬공현張烈公現, 신두申豆, 유아왕충猷兒王忠 등 30호가 귀순해 왔다"는 기록이 바로 그것이다.

그렇다면, 과연 이주 거란인의 규모가 정말 이처럼 소규모의 행렬에 불과했을까? 『고려사』에 수록된 정보에 따르면 실상은 결코 그렇지 않다. 『고려도경高麗圖經』은 1123년인종1 송나라 사신단의 한 사람으로 고려에 왔던 서긍徐兢이 지은 책으로, 전 40권이다. 정식 명칭은 『선화봉사고려도경宣和奉使高麗圖經』인데, 흔히 줄여 『고려도경』이라 한다. 책의 이름에서 알 수 있듯이, 휘종徽宗의 명을 받고 사신으로 고려에 와서 견문한 고려의 여러 정보를 그림과 글로 설명했기 때문에 '도경'이라 불렀다. 선화는 휘종의 치세治世 때 사용한 연호年號이다. 서긍徐兢은 자신의 저서 『고려도경』에서 거란군의 포로가 수만 명임을 밝히고 있다.

다시 말해 993년성종12 이후 25여 년 동안 고려와 거란 사이의 전쟁 와중에 투항하거나 포로로 잡힌 거란군만 해도 무려 수만 명에 이르렀다는 것이다. 고려 왕조는 이렇게 해서 한반도에 정착한 거란족을 양수척이라 호칭한 것으로 보인다.

『고려사』 열전 최충헌조는 "본래 양수척은 태조가 백제를 공격할 때에도 제어하기 어렵던 유종遺種이었다"라고 기록하고 있다. 이처럼 양수척은 태조 왕건王建 때부터 고려를 위협하던 주변 세력으로 존재했다. 따라서 태조 왕건이 936년태조 19 후백제를 칠 때 통제하기 어려웠던 유종은 당시 매우 경계해 왔던 종족과 무관하지 않은 것으로 보인다.

926년태조 9 발해를 멸망시킨 거란은 고려와 국경을 맞대고 있었는데 태조 왕건은 이런 거란과의 수교마저 거부했었다. 그것은 거란에 대한 왕건의 적대적인 태도에서 비롯된 것이다. 태조는 당시 외교 관례를 무시하면서까지 거란 사신들을 섬으로 유배 보내고 선물로 보내온 낙타 50필을 굶어죽게 하면서 적개심을 드러냈다. 더구나 「훈요10조訓要十條」중 4조와 9조에서 거란을 '금수禽獸의 나라', '강악強惡의 나라' 등 과격하게 표현하면서 상종하지 말 것을 사왕嗣王들에게 유훈遺訓했을 정도였다. 이러한 모든 정황으로 보아 거란에 대한 태조의 이러한 적대적인 태도는 그가 제어하기 어려웠던 유종인 양수척이 바로 거란족임을 시사해 주고 있다.

『고려사』는 1449년세종 31에 편찬하기 시작해 1451년문종 1에 완성된 고려시대 역사서이다. 고려시대의 정치·경제·사회·문화·인물 등의 내용을 기전체로 정리한 책으로 고려시대 역사 연구의 기본 자료이다. 이러한 중요한 사료인 『고려사』기록은 양수척이 북방 유목민인 거란족의 후예임을 분명하게 말하고 있다. 당시 고려와 국경을 맞대고 있던 여진족 역시 수렵을 주요 생계수단으로 삼았지만 정착생활을 했기 때문에, 이들의 유종이 양수척이 될 수는 없다.

이들 양수척은 한반도 정착 후에도 거란족의 후예답게 가축을 방목하기 위해 수초를 찾아 이동하면서 생활하였으며, 사냥 및 유기의 제조와 판매에도 종사했다. 한마디로 유목민 출신답게 이리저리 떠돌아다니면서 살아가는 그들 고유의 생활방식을 유지했다.

고려의 당당한 구성원이 된 거란족

1211년희종 7 몽골이 금에 대한 침략을 시작하자 금의 지배하에 있던 거란족은 이를 계기로 반란을 일으켜 한때 요나라를 재건하는 등 활발한 부흥운동을 전개하였다. 하지만 이들 역시 1216년고종 3에 몽골군에 쫓겨 고려 영내로 들어 왔다. 그러자 고려군은 같은 해 9월 거란 패잔병을 청천강 인근에서 격파하였고, 청천강 이북의 여러 지역으로 흩어진 나머지 잔당마저 제압하였다.

●●

양수척은 태조가 백제를 칠 때에 제어하기 어려웠던 유종으로 관적貫籍, 호적도 부역賦役도 없었다.

(『고려사』, 열전 최충헌조)

●●●

양수척들이 익명서匿名書, 글쓴이가 자기 이름을 감추고 쓴 글를 붙였는데, 이르기를 "우리들이 반역한 것은 다른 까닭이 아니라 기생집의 수탈을 견디지 못하여 거란적契丹賊에 투항하여 길을 안내하게 되었다. 만약 조정에서 기생의 무리와 순천사주順天寺主를 처단해 준다면 당장 창끝을 돌려 나라를 위해 일하겠다"고 했다.

(앞의 책)

●●●●

이지영이 (양수척에게) 말하기를 "너희들은 본래 부역이 없으니 나의 기생 자운선에게 예속될 것이다"라고 했다. 드디어 자운선이 그 명부를 적어 두고 공물貢物을 끝없이 징수했다. 이지영이 죽고 최충헌이 다시 자운선을 첩으로 삼은 후부터 인구를 조사해서 공물을 더욱 심하게 징수했다. 그래서 양수척의 원망이 대단했는데, 거란군이 침입하자 그들이 마중 나가 항복하고 길 안내를 한 까닭에 적이 산천山川의 요해지要害地며 도로의 원근을 모조리 알았다.

(앞의 책)

•• 　하지만 거란의 남진은 계속 이어졌다. 후속부대가 개경 근
교까지 출몰하였는데, 전열을 재정비한 고려군은 1217년고종4
에 경기 일대에서 이들을 대대적으로 격파하였다. 그러나 이들
은 호적이 없으니 국가에 대한 부역도 지지 않았다. 하지만 귀
화한 거란인, 즉 양수척 역시 고려의 구성원으로서의 정체성
을 분명히 지니고 있었다.

•••　『고려사』열전 최충헌조의 기록에서 알 수 있듯, 고려에 정착한
양수척은 침략해 온 거란족의 앞잡이 노릇을 했다. 그러나 양
수척의 익명서 내용에서 보듯이 반역한 것은 기생집의 수탈을
견디지 못하여 거란족에 투항하고 길을 안내하게 된 것이므
로 자신들을 수탈한 기생과 순천사주를 처벌한다면 나라를
위해 싸우겠다고 말하고 있다. 이 글에서 순천사주는 순천사
라고 하는 절에서 온갖 일을 맡아 이끌어 가는 자를 지목한
것으로 보인다. 또한 기생은 무신정권의 최고 권력자 이의민
李義旼의 아들인 이지영李至榮의 첩 자운선紫雲仙이라는 인물로,
나중에 최충헌의 소실이 된다. 즉 이들 귀화한 거란인 양수척
의 반역행위는 최충헌의 첩인 기생 자운선의 침탈에서 비롯된
것이었다.

••••　자운선은 명부까지 작성하여 양수척들로부터 공물貢物을
징수하는 등 수탈을 일삼았다. 이때 거란족의 침략이 있었고,

•• 양광도楊廣道, 충청도 일대와 전라도에 사람을 보내 제주인과 화척禾尺 및 재인才人을 남김없이 다 동원하여 서북면西北面, 평안도의 수비병으로 충당했다.

(『고려사』, 공민왕 5년 9월조)

자운선의 수탈을 견디지 못한 거란 양수척들이 길잡이 노릇을 하게 된 것이다.

그런데 이주 거란인의 후예인 양수척들은 자신들을 수탈한 책임자들만 처벌한다면 기꺼이 침략자를 물리치는 데 앞장서겠다고 맹세했다. 이 점에서 우리는 양수척들 역시 조선의 백정처럼 외국이 침략할 때에는 당연히 침략자에 맞서 싸워야 한다는 고려 구성원으로서의 정체성을 지니고 있었다고 봐야 할 것이다.

●● 『고려사』공민왕 5년 9월조의 기록에서 알 수 있듯이 고려의 위정자들 또한 훗날 조선의 관료들이 백정 출신 사냥꾼을 동원하여 서양 침략군을 물리쳤던 것처럼 같은 선택을 했다. 즉 구한말 외세의 침략을 막기 위해 백정 출신의 사냥꾼들을 징발했던 조선의 관료들처럼 고려의 위정자들 또한 귀화한 거란인 양수척들을 이용했던 것이다. 이에 대해서는 추후에 6장에서 자세히 다룰 것이다.

고려의 관료들도 평소 사냥으로 단련된 양수척화척 및 재인의 전투능력을 잘 알고 그들을 동원하여 원나라의 침략에 대비했다. 곧 살펴보겠지만 꽤 많은 몽골족이 제주도에 거주하고 있었던 사정으로 보아, 여기서의 제주인도 몽골 출신으로 여겨진다.

●●

영군랑장기병領軍郎將騎兵은 (그) 복식의 등급이 한결같지 않다.
……청록색의 총총한 실로 짠 옷감에 큰 꽃무늬가 든 전포戰袍,
장수가 입던 긴 웃옷와 자색·황색·흑색 바지를 입었으며, 머리를 깎
고 두건이 길지 않고 정수리에 딱 붙게 쓴 것은 듣건대 거란의 항
졸降卒이라 한다.

(『고려도경』, 영군랑장기병조)

●●●

고려 장인의 기술이 지극히 정교했는데, 그 가운데 뛰어난 재주를
지닌 이는 모두 관아官衙에 소속되었다. ……또 듣자니, 거란의 항
복한 포로 수만 명 가운데에는 장인이 열 중 하나가 있는데, 그
정교한 솜씨를 가진 이를 왕부王府, 개경에 머물게 하여, 요즘 기구
器具와 복식服飾이 더욱 공교하게 되었다.

(『고려도경』, 공기조)

1356년공민왕 5 공민왕은 이문소理問所를 폐지하고 쌍성총관부雙城摠管府를 공격하여 실지失地를 회복하는 등 반원정책을 적극 추진했다. 이문소는 정동행성의 부속 관서官署 중 가장 강력한 기구로서, 대원관계 범죄를 다스리는 임무로 출발했으나 점차 원나라에 아부하면서 기득권을 취하려는 이른바 부원세력附元勢力을 규합하고 대변하는 역할로 그 성격이 변질되어 갔다. 공민왕은 이러한 이유로 이문소를 가장 먼저 폐지한 것이다.

●● 쌍성총관부는 원이 1258년고종 45 지금의 함경남도 영흥인 화주和州 이북을 직접 통치하기 위해 설치했던 관아官衙이다. 『고려도경』영군랑장기병조을 살피면 실제 양수척 가운데 군인, 특히 기병騎兵으로 복무한 자들도 꽤 있었던 것으로 보인다.

영군랑장의 '낭장'은 고려시대의 정6품 무관직이다. 이처럼 이주 거란족 중에는 비록 소수이겠지만 기마에 익숙한 유목민족 출신답게 기병 지휘관으로 복무한 자들도 있었다.

●●● 『고려도경』공기조의 기록에는 열에 한 명일 정도로 상당한 규모인 거란 장인들이 고려에 귀화하여 고려를 위해 일했다고 나타나 있다. 원래 고려의 기술 수준 또한 꽤 높았는데, 이들이 있어 더욱 발전할 수 있었다는 내용이다. 위정자들은 비록 포로지만 거란족 중 기술자들을 적극 발굴하여 그들의 재능

••

왕(태종)이 지시하기를 "함길咸吉·평안平安·풍해도豐海道·황해도
각 고을의 산접생안간·수유간의 이름의 죄상을 심문하여 고찰하
되, 그중에서 달단韃靼은 그 전대로 정체定體하고, 평민平民은 모조
리 군역軍役에 붙이도록 하라"고 하였다.

(「태종실록」, 태종 17년 4월 19일)

을 마음껏 발휘할 수 있게 했다.

이러한 여러 정황 근거들로 보아, 자발적으로 귀화했건 포로로 잡혀왔건 간에 고려에 정착한 거란족의 후예인 양수척은 명백히 고려의 구성원으로서의 정체성을 지니고 있었던 것으로 생각된다. 그래서 왕조의 위정자들이 1356년공민왕 5 몽골의 침략에 대비해 양수척의 후신인 화척과 재인을 차출하여 국경지대인 서북면에 배치한 것이다.

한반도에 정착한 몽골족

우리 역사를 들춰보면 한반도는 그 역사적 풍상 못지않게 다양한 이족異族들이 왕성하게 넘나들었던 곳임을 알 수 있다. 특히 원나라의 장기간에 걸친 한반도 경략에 따라 몽골인들이 이 땅에 뿌리내린 경우를 자주 찾아볼 수 있다. 『태종실록』태종 17년 4월 19일에서는 산기러기를 잡아 바치는 일을 하던 산접생안간散接生雁干, 우유를 달여서 얻은 기름을 바치는 수유간酥油干 가운데 몽골족의 후예인 '달단'의 존재를 확인할 수 있다.

달단은 본래 만주 흥안령興安嶺 서쪽 기슭이나 음산陰山산맥 부근에 살던 몽골족의 한 부족인 타타르Tatar를 가리켰는

••
수유적을 폐지하였다. 황해도와 평안도에 수유적이 있는데, 스스로 달단의 유종遺種이라 하면서 도재屠宰, 도축로써 직업을 삼고 있었다. 가구당 해마다 수유 한 정丁을 <u>사옹방</u>司饔房에 바치고는 집에 부역賦役이 없으니, 군역軍役을 피하는 사람이 많이 가서 의지하였다. 그러나 수유는 실로 얻기 어려우므로, 혹은 한 가구에서 몇 해를 지나도 한 정丁을 바치지 못한 사람이 있는가 하면, 혹은 몇 가구에서 공동으로 한 정을 바치는 사람이 있게 되니, 국가에 들어오는 것은 얼마 안 되었다. ……드디어 이 수유적를 다 폐지하니, 모두 수백 가구나 되었다.

(「세종실록」, 세종 3년 11월 28일)

<u>사옹방</u>은 임금의 식사나 대궐 안의 음식공급에 관한 일을 맡아보는 관아이다.

데, 몽골인 전체를 지칭하기도 했다. 몽골인의 후예인 달단은 그들 고유의 유목에 종사하며 황해도와 평안도, 함경도 등 한반도 북부지역에 정착해 살았다. 이들 몽골족의 후예인 달단에 대한 보다 구체적인 정보가 『세종실록』세종 3년 11월 28일에 수유간이 아니라 수유적酥油赤으로 등장한다. '간'·'적'·'척尺'은 모두 사람을 뜻한다. 조선시대는 흔히 '생산물+간적·척'의 용례로 사용되었다.

1421년세종 3, 조선 초기까지도 황해도와 평안도에는 달단, 곧 몽골족의 후예인 수유적만 해도 여전히 수백 호가 존재하고 있었다. 이들 수유적은 단지 수유만 만드는 것이 아니라, 유목민의 후손답게 도축업에도 종사했다.

그렇다면 몽골인은 어떻게 조선에 정착하여 살고 있었을까. 13세기 초엽 동아시아의 국제 정세를 주목해 볼 필요가 있다. 당시의 동아시아 정세는 칭기즈칸으로 인해 매우 급박하게 변화하고 있었다. 1206년희종 2 테무친은 몽골고원의 여러 부족을 통합한 후 칭기즈칸成吉思汗으로 추대되었다. 칭기즈칸은 흔히 '대양大洋의 군주' 혹은 '왕 중의 왕' 등으로 해석되곤 한다. 몽골고원을 통일한 후 칭기즈칸의 첫 공격 대상은 당구르黨項인이 세운 서하西夏였는데, 이는 금나라 정복의 전초전이었다.

서하를 복속한 칭기즈칸의 몽골군은 1211년희종 7 금을 침략한 지 3년 만에 금의 수도 중도中都를 함락하여 북중국을 차지하였다. 그러자 금은 도읍을 황하 이남의 개봉開封으로 옮겨 1234년고종 21까지 그 명맥을 유지하게 된다. 이어 1231년고종 18 몽골군은 고려에 왔던 사신 일행이 귀국하던 도중 살해당하자 이를 구실 삼아 고려에 침입해서 개경을 포위하였다. 그러나 퇴로 차단을 우려한 몽골군은 고려가 조공 요구를 받아들이자 큰 성과 없이 퇴각했다.

당시 최고 권력자인 최우崔瑀는 몽골의 무리한 조공 요구에 반발하여 강화도로 천도한 후 장기 항전을 준비하였다. 훗날 몽골군은 다시 침입해 왔으나 지금의 용인인 처인성에서 장수 살리타이가 사살된 후 물러났다.

이처럼 고려는 몽골군의 여러 차례 침략에 맞서 끈질기게 저항했다. 1269년고종 46 조정 안에는 40여 년 동안 지속된 장기전에 따른 국력 소실로 몽골과 강화를 체결하자는 주화파가 득세하여 최씨 무신정권이 무너지고 전쟁은 막을 내렸다. 이로써 양국 간의 인적 교류도 늘어나 수많은 몽골족이 고려로 오게 되었다.

『세종실록』세종 3년 11월 28일에서 평안도와 황해도에 정착한 수유적, 곧 몽골족의 후예 달단의 존재를 확인할 수 있다. 이

지역에는 원의 군대가 둔전屯田 경작을 위해 주둔하고 있었다. 1271년원종 12 원은 황주黃州, 봉주鳳州. 봉산, 금주金州, 김해에 둔전을 설치하였다. 여기에는 약 6천 명의 군인과 수많은 군속軍屬 및 관속官屬 그리고 그 가족들이 와 있었다. 고려로서는 이들을 위해 식량만이 아니라 농우, 농기구 등을 부담하여 그 고통이 매우 컸다.

고려는 이를 해결하기 위해 여러 길로 교섭을 시도하였고, 둔전을 염주연안, 백주白州, 백천로 옮기는 데 성공했다. 이어서 충렬왕은 둔전이 설치된 지 7년 만인 1278년충렬왕 4에 원나라 세조와의 끈질긴 교섭 끝에 둔전 폐지에 합의했다.

이때 둔전 경작을 위해 파견되었던 군인 등 원나라 사람들은 대부분 철수했겠지만, 그들 중 일부는 고려에 계속 머물렀을 가능성이 크다. 그대로 정착한 몽골인 가운데 일부는 조선 초기까지 잔존한 채 수유적처럼 목축 등을 하면서 그들 고유한 생활방식을 유지하고 있었다.

1258년고종 45 원은 화주에 쌍성총관부를 설치하여 화주 이북의 땅을 직속령으로 편입하였다. 쌍성총관부는 1356년공민왕 5에 회복할 때까지 약 1세기 동안 원의 지배를 받았다. 이 같은 쌍성총관부의 관할지역에는 대체로 고려인과 여진인이 뒤섞여 살았다. 또한, 다루가치가 파견되는 등 원이 실질적으로 지배

●●

함길·평안·풍해도 각 고을의 산접생안간·소유간의 이름을 추고
推考하되, 그중에서 달달은 그 전대로 정체定體하라.

(『태종실록』, 태종 17년 4월 19일)

●●●

이에 흔도忻都는 몽골군 500명을 남겨 두고……탐라에 남아서
평온한 질서를 유지하게 하였다.

(『고려사』, 열전 김방경조)

원나라에서 몽골과 한인 군사 1,400명을 보내어 탐라에 주둔하
게 하였다.

(『고려사절요』, 충렬왕 8년 2월조)

한 까닭에 몽골족도 유입되었다.

•• 『태종실록』태종 17년 4월 19일을 보면, 원의 직할지였던 당시 함길도, 즉 함경도에 와서 살던 몽골인 중에는 태종 때까지도 산접생안 및 수유에 종사하던 자들도 있었음을 알 수 있다. 이들 몽골족인 가운데 일부는 조선 건국 후에도 그대로 머물렀다.

제주에는 사실상 토착화된 몽골인이 많았다. 몽골군과 고려군은 연합하여 1273년원종 14에 항몽세력인 삼별초를 토벌한 이후 제주를 직할령으로 삼았다.

••• 제주원래 이름은 탐라에 주둔한 원의 군사들은 삼별초를 진압한 이후에도 계속 늘어났다. 1273년원종 14에 이미 군사 500명을 파견하여 주둔시켰으며, 더 많은 군사가 탐라로 왔다는 기록이 『고려사』열전 김방경조에 남아 있다. 즉 1282년충렬왕 8에는 원나라에서 몽골군과 한인 군사 1,400명을 보내 탐라에 주둔하게 한 것이다. 그러다가 탐라는 1294년충렬왕 20에 고려로 환속되어 그 다음 해에 지명을 제주로 고쳤다.

원은 탐라를 되돌려 준 후에도 이곳에 직할 목마장牧馬場을 유지했다. "원에서 탑자적搭刺赤을 탐라의 다루가치達魯花赤로 삼고 말 180필을 목축하였다"는 『고려사』충렬왕 2년 8월조의 기록처럼, 탐라에 원의 목마장이 설치된 계기는 1276년충렬왕 2년

••

지금 우리나라本國 스스로 목사牧使와 만호萬戶를 파견하여 목호
牧胡가 사육하는 말을 가리여서 예전대로 바치겠습니다.

(『고려사』, 공민왕 16년 2월조)

이곳에 본국의 말을 가져와 기르도록 한 데서 비롯되었다. 원래 다루가치는 지방 관아인 제로총관부諸路總管府와 부府·주州·현縣의 민정을 맡아보던 장관을 이른다.

이후에도 원나라에서는 고려에 말을 보내온 일이 있다. 『고려사』공민왕 23년 4월조의 "내명 태조 생각에 고려국에는 원 조정에서 말 2~3만 필을 제주에 남겨 두고 사육했으니 많이 번식했을 것이다"라는 기록이 이를 뒷받침해준다.

이렇게 해서 제주의 마소馬牛는 크게 증가하게 되었으며 『익재난고益齋亂藁』 소악부小樂府에 "지금은 관가官家와 사가私家의 소와 말만 들에 가득하다"는 기록이 남아 있다. 『익재난고』는 고려 말의 문신文臣인 이제현李齊賢이 쓴 책이다.

●● 한편, 『고려사』공민왕 16년 2월조에는 '목호牧胡'라는 호칭이 등장한다. 제주 목마장의 마소는 몽골인 '하지'에 의해 사육되었는데 이들을 목호牧胡로 불렸으며, 그 인원수가 아주 많았을 것으로 추정된다. 또한 이들 목호는 본국인 원나라에서 선발하여 파견했으나, 이미 제주에 주둔하고 있었던 몽골군 가운데서도 차출되었을 가능성이 있다.

그런데 1374년공민왕 23에 제주의 목호들이 고려 조정이 요구한 말 2,000필의 징발을 거부하는 사태가 벌어졌다. 고려 조정은 이들 몽골족의 거부에 분노했고, 토벌하기로 계획했다. 따

마침내 제주 토벌을 논의하고 기축일에 문화찬성사門下贊成事 최
영崔瑩을 양광·전라·경상도 도통사都統使로 삼았다. ……전함이
314척이고 정예병이 2만 5,605명이었다.

(『고려사』, 공민왕 23년 7월조)

•• 라서 고려 조정은 무려 2만 이상의 군대를 동원해야만 했으며, 이는 그만큼 제주에 거주한 몽골족이 많았음을 뜻한다.

이렇게 제주에는 군인, 목호 등 다양한 집단의 몽골족이 이미 원종 때부터 파견돼 거주하고 있었다. 공민왕 때에 와서는 몽골인들만이 모여 사는 부락을 이루고 있을 정도로 아예 정착했던 자들도 상당수였다. 군인, 목호 등 이외에도 원의 고위 관리들도 파견되어 왔다.

1280년충렬왕 6년 일본원정의 준비와 수행을 위해 세워진 정동행성征東行省은 1299년에 와서 고려의 내정을 통제하고 간섭하기 위한 기구로 바뀌었다. 이 기구의 고위직은 원의 관리들로 채워졌는데, 이들은 각각 가족과 부하 등 수백 명을 대동하고 왔다. 따라서 이들 가운데 일부는 고려에 그대로 머물렀을 가능성이 있다.

또한 왕실 사이의 혼인에 따라 고려로 이주해 정착한 몽골인들도 많았다. 고려와 원의 강화 이후 충렬왕을 비롯해 다섯 왕이 계속하여 몽골의 공주들을 맞이했다. 충렬왕이 세자 시절인 1274년원종 15에 원의 공주인 제국대장공주齊國大長公主와 결혼한 이후 충선왕, 충숙왕, 충혜왕, 공민왕이 연이어 원의 공주들과 혼인했다. 이 같은 혼인 관계는 1365년공민왕 14 노국대장공주魯國大長公主가 죽은 해까지 치면 거의 1세기 동안 지

●●
내명 태조가 곰곰이 생각하니 제주의 이 목자들은 원의 달단 사람
으로서 본래 목축으로 직업을 삼고 농사지을 줄은 전혀 모른다.
(「고려사」, 공민왕 21년 3월조)

속되었다.

이렇게 원의 공주들이 고려로 시집올 때에는 거창한 일행을 데리고 왔는데, 공주의 시중을 드는 이들을 몽골어로 '겁령구怯怜口'라고 불렀다. 그들 중 제국대장공주가 올 때에 따라온 후라타이는 고려식 이름인 인후印侯로 개명한 후 원나라로 돌아가지 않고 고려에 정착하였다. 이 인후의 사례처럼 겁령구 가운데 상당수는 고려에서 자리 잡고 살았다. 그러나 고려에 와서 정착한 몽골인의 후예 달단은 대부분 농경사회에 길들여지지 못한 채 그들 본래의 유목민족적 생활방식대로 살아갔다.

●●

고려에는 양과 돼지가 있지만 왕공王公이나 귀인貴人이 아니면 먹
지 못했으며, 가난한 백성은 해산물을 많이 먹는다.

(「고려도경」, 어조)

육식문화
보급의
주역

소고기 열풍이 불다

거란 및 몽골족은 고려시대부터 한반도에 정착하였지만 그들
고유의 유목민적 생활방식을 버리지는 않았다. 이러한 생활방
식은 농경정착민인 고려인과는 크게 다른 것이었고, 서로 문
화영역에서 많은 영향을 끼칠 수밖에 없었다. 그 영향은 특히
식생활 분야에서 일어났다.

앞에서도 소개했듯이, 『고려도경』은 인종1122~1146년 때 송나
라 사절단의 일원으로 온 서긍徐兢이 쓴 책이다. 이 책의 기록
을 보면, 고려 전기인 인종 때까지 왕족이나 귀족 등 일부 계
층만이 육식을 즐길 수 있었음을 알 수 있다. 제한적인 육류

●●
고려인들은 도살을 좋아하지 아니한다. 다만 사신이 이르면 미리
양과 돼지를 길렀다가 시기에 이르러 사용했다. 이를 잡을 때 발
을 묶어 불 속에 던져 그 숨이 끊어지고 털이 없어지면 물로 씻는
다. 만약 살아있으면 다시 몽둥이로 쳐서 죽인 뒤 배를 갈라 장
위를 다 끊고 똥과 더러운 것을 씻어낸다. 비록 국이나 구이를 만
들더라도 고약한 냄새가 없어지지 아니하니, 그 (도축 기술이) 졸
렬함이 이와 같다.

(「고려도경」, 도재조)

●●●
오랑캐고려의 정치가 심히 어질어 부처를 좋아하고 살생을 경계한
다. 그러므로 왕이나 상신相臣, 영의정·좌의정·우의정을 통틀어 이르는 말
이 아니면 양과 돼지고기를 먹지 않는다. 도살 또한 좋아하지 않
는다.

(앞의 책)

공급이 우선 머리에 떠오른다. 아울러 가축을 도축해 그를 먹는 문화가 발달하지 못했음을 서긍의 기록을 통해 확인할 수 있다. 사정이 이렇다 보니 도축기술 역시 형편없었다.

•• 　서긍은 그의 책에서 고약한 냄새 때문에 고기 요리를 먹을 수 없을 정도로 고려인의 도축기술이 형편없다고 아주 사실적으로 증언하고 있다. 육식문화가 일부 계층에 한정되었기에 더욱 그러했다. 자세히 살펴보면 동물의 고기를 식육食肉으로 만드는 과정이 매우 후진적임을 알 수 있다. 살아 있는 가축의 다리를 묶어 불 속에 던져 죽인 뒤 물로 씻는 방식은 고기의 맛을 따지지 않는 도축행위와 다름없다. 내장을 그대로 둔 채 불에 굽는 셈이니 그로부터 고기로 번지는 냄새가 얼마나 고약할지는 불을 보듯 뻔하다. 따라서 서긍은 "냄새 때문에 먹지 못할 정도"라고 적고 있는 것이다. 이는 어찌 보면 고려의 문화적 토대에 해당하는 것일 수도 있다. 고기를 즐겨 먹지 않으니, 따라서 살생을 가급적 피할 수밖에 없고, 그런 여러 가지 이유 때문에 도축과 식육의 기술과 시스템이 전혀 발달하지 않는 문화적 토대 말이다. 서긍의 관찰에는 그런 여러 가지 정황이 고루 드러나고 있다.

••• 　사실 고려 사람들이 육식이나 도살을 좋아하지 않은 이유는 살생을 죄악시하는 불교의 영향도 컸다. 고려 500년의

●●

처음에 이지영李至榮이 삭주분도장군朔州分道將軍이 되었는데, 양수
척揚水尺이 흥화興化·운중도雲中道에 많이 살았다.

(『고려사』, 열전 최충헌조)

●●●

달단韃靼과 화척은 소의 도축으로써 농사지어 먹는 것을 대신하
는데, 서북면이 더욱 심하여 주군州郡의 각 참站이 모두 소를 잡
아 손님을 먹이는데도 이를 금지하지 않습니다.

(『고려사』, 열전 조준조)

문화적 기틀이 대개 불교와 함께 왕성하게 발전한 점을 봐도 그렇다. 그렇지만 고려 후기에 이르면 사정은 크게 변하게 된다. 이런 변화는 이주해 온 북방 유목민이 많이 사는 지역에서부터 생겨났다.

●● 『고려사』열전 최충헌조에 따르면, 백정의 선조인 양수척의 집단 거주지역은 서북면 일대였다. 삭주는 평안북도 서북부에 위치한 고을로, 압록강을 사이로 만주와 마주 보고 있어 만주에서 압록강을 건너 개경에 이르는 길목이다. 서북면, 곧 평안도를 비롯한 양수척의 거주지역에서 육식문화가 보급되기 시작했다고 볼 수 있는 이유다.

●●● 재미있는 기록이라고 볼 수 있다. 고려시대 한반도 각 지역과는 달리 '서북면'에서는 소고기 공급, 그리고 그를 먹는 문화가 뿌리를 내리고 있었던 것이다. 당시 화척과 달단의 집단 거주지는 서북부 일대였다. 서북면의 각 역참은 '모두皆'로 표현될 만큼 이때에 와서 소고기가 널리 소비되고 있었다.

역참은 정부의 서류나 물자가 통행하는 데 중간기지 역할을 하는 곳이다. 관급의 문서가 이동할 때 그를 지니고 움직이는 관원이 말을 갈아타거나 그곳에서 하룻밤을 묵어가는 시설이기도 하다. 그런 역참에서 소고기로 시설을 이용하는 사람을 대접하는 일이 벌어졌다는 사실, 그리고 그런 '특이한 현상'이 사료에 오르는 기록으로 남은 점 등은 우리가 눈여겨 봐야 할 대목이다.

서북면의 거의 모든 역참에서는 화척과 달단에게 소고기를 공급 받아 손님을 대접할 정도로 육식문화가 보급되고 있었으며, 그 점은 다른 지역의 역참과는 분명히 다른 현상의 하나였던 것이다. 왜 그런 현상이 빚어졌을까. 그런 소고기 보급과 일상화에는 분명한 이유가 존재했을 법하다.

조준이 지목한 것처럼, 육식 보급의 주역은 바로 조선시대에 와서 백정으로 통칭되는 달단과 화척이었다. 이들이 고려로 이주해 온 후에는 도축을 주도함으로써 육식문화도 보급되기에 이르렀던 것이다. 이렇게 거란족의 후예인 화척이 몽골족의 후손인 달단과 함께 소의 도축을 주도함으로써 예전에는 일부 계층만이 육식문화를 향유했지만 고려 후기에 와서는 서북면 역참의 모든 곳에서 손님 접대에 소고기를 이용할 정도로 육식문화가 전파되었다.

고려시대에는 소고기를 많이 먹지 않았다. 살생을 죄악시하는 불교 탓이기도 했지만, 소는 사람 대신 땅을 갈아 곡식을 심게 해주고, 무거운 짐을 운반해 주는 동물이라 식용의 대상으로 보지 않는 분위기였다. 고려의 문장가 이규보李奎報, 1168~1241년의 시를 보면 고려 사람들이 소에게 가졌던 애잔한

감정을 엿볼 수 있다.

이규보는 불교 교리를 지키려고 소고기를 끊었다. 그때는 마음뿐이었고, "소고기를 눈으로 보고서는 안 먹을 수가 없었다"고 고백했다. 훗날 그는 다시 소고기를 끊었다. 그 시의 서두에 "고기를 보고도 먹지 않게 되고 나서야 시로 쓴다"고 썼다.

소고기를 끊다

소는 큰 밭을 가는 데 능하여
많은 곡식을 가꾸어 낸다네
곡식이 없으면 사람이 어찌 살랴
사람의 목숨이 여기에 달렸다네
게다가 무거운 짐까지 운반하여
모자란 인력을 보충해 주구나
하지만 이름이 소라 하여
천한 가축으로 보아서는 아니 될 걸세
어찌 차마 그 고기를 먹고서
야자椰子의 배야자열매처럼 큰 배를 채우랴
가소롭다 두릉옹杜陵翁이
죽는 날 소고기를 배불리 먹었던 것이

『동국이상국후집東國李相國後集』, 제6권

육식문화 보급의 주역 |

두릉옹은 당나라 시인 두보杜甫를 가리킨다. 두보가 뇌양현耒陽縣 악사岳祠에서 노닐다가 갑자기 불어난 물에 갇혀 열흘이 넘도록 밥을 먹지 못하였다고 한다. 그곳 수령이 구운 소고기와 탁주를 배에 실어 보내주자 그것을 먹고 죽었다는 고사가 있다.

조선 왕조에 이르자 소고기 소비량이 점점 증가했다. 불교를 배격하고 유교를 통치이념으로 삼은 왕조가 들어서자 소에 대한 인식에도 변화의 바람이 일었다. 유례가 없었던 소고기 열풍이 조선 사회를 강타했으며, '농우農牛'가 식욕의 대상으로 바뀐 것이다.

소는 유교식 제례에서 성인인 공자나 천자의 제상에 올리는 희생犧牲이기 때문에 육류 중에서 가장 지위가 높다. 왕조의 사대부들이 소고기를 귀히 여긴 까닭이 바로 거기에 있다. 자신들이 가장 추앙했던 공자의 제사 때 올린 소고기는 사대부들에게 기분 좋은 음식이었다. 유학자였던 그들에게는 살생에 대한 죄의식도 그다지 없었다. 이규보가 소를 보면서 느꼈던 연민의 감정은 그들에게도 있었지만, 식욕이 더 앞섰다고 볼 수 있다. 반면에 일반 백성은 가난했기 때문에 쉽게 소고기를 접하기 어려웠다.

육식문화는 점차 확산되어 갔다. 건국 직후부터 곳곳에서

••

그들_{백성}의 습속이 농사를 괴롭게 여기어 말하길 "농사는 본래 하지 않던 일이니, 어찌 쉽게 배울 수 있겠는가"하고, 소 잡는 것이 여전하고 개전改悛함이 있지 아니하니, 국가에도 이익이 없고 생민生民에게 해독이 심하다.

(『세종실록』, 세종 21년 2월 16일)

지금 신백정新白丁이 평민들과 더불어 섞여 살면서 서로 무리를 만들어 도둑질하여 소와 말을 도살하는 이익이 귀에 젖고 눈에 익어서 보통의 일로 여기고 있습니다.

(『세종실록』, 세종 28년 10월 28일)

소 도살이 공공연하게 벌어졌다. 『태조실록』태조 1년 9월 24일에는 재인과 화척이 이곳저곳 떠돌아다니면서 농업을 일삼지 않으므로 배고픔과 추위를 면치 못하여 늘 모여서 도적질하고 소와 말을 도살한다고 기록되어 있다.

•• 이렇게 조선 왕조에 들어와서도 육식이 횡행하자 국왕까지 나서 여러 차례 소 도축을 금지하는 명령을 내렸다. 그러나 국왕의 금지명령에도 불구하고 백정의 도축행위는 여전했다.

심지어 마소馬牛를 훔쳐 잡기까지도 했다. 위험 부담이 큰 이런 행위가 '귀에 젖고 눈에 익어서 보통의 일로 여길' 정도로 널리 행해졌다. 그만큼 당시 고기 수요가 크게 늘어난 것이다.

백정들이 국왕의 지엄한 명령도 무시한 채 소를 잡아 보급하게 될 만큼 육식문화가 점점 확산되어 갔다. 뿐만 아니라 왕조가 유교를 숭상하고 불교를 억제하는 이른바 '숭유억불' 정책을 강화하자 살생에 대한 죄의식은 더욱 옅어졌다. 세월이 흐름에 따라 백성들까지 고기에 맛을 들인 것이다.

그럼 조선 사람들은 육류 중에서 왜 유독 소고기를 고집했을까? 돼지고기는 왜 대우를 받지 못했을까? 그 까닭은 맛도 맛이거니와 키우는 데 드는 비용 때문이기도 하다. 소는 초식동물이라 먹이에 큰돈이 들지 않는다. 사방에 널린 게 풀이다. 겨울에는 볏짚 등 농업 부산물을 먹이면 된다. 사료는

지천에 널려 있으니 품만 팔면 되었다. 조선시대는 전적으로 농업에 의존하는 농업사회였기에 농번기를 제외하고는 노동력은 거의 가치가 없었으니 소 사육은 사실상 무보수 노동에 불과한 것이다.

그러나 돼지는 다르다. 잡식동물이고 사람과 거의 식성이 같다. 비싼 곡물을 먹여야 살이 찐다. 사람이 먹을 곡물도 모자란 판에 어떻게 돼지를 먹일 수 있었겠는가. 그래서 최근까지도 제주도와 지리산 기슭에서는 돼지에게 사람 똥을 먹여 키울 정도였다. 결국 효용가치가 낮은 돼지는 보편적인 육류로 자리 잡지 못했다.

이러한 이유로 조선시대에는 돼지고기가 소고기보다 비쌌다. 실학자인 한치윤韓致奫, 1765~1814년의 『해동역사海東歷史』에는 "거위는 한 마리에 4냥이고, 돼지고기는 한 근에 1전 2푼이고, 쇠고기는 한 근에 7~8푼이다"라고 기록되어 있다. 돼지고기가 소고기보다 두 배 가까이 비싼 것이다.

도축 금지령

너무 많은 소를 먹어 치운 나머지 농사지을 소마저 모자라는 지경에 이르자 조선 왕조는 위기감에 휩싸였다. 소 남획은 농

••

사사로이 소와 말을 도살하는 것은 마땅히 금령禁令이 있어야 될 것이니, 한성부漢城府로 하여금 이를 관장하게 할 것이다.

(「태조실록」, 태조 7년 9월 12일)

소는 밭을 갊으로 사람에게 공이 있다. 도살의 금지는 이미 나타 난 영갑令甲, 법령이 있는데도, 완악하고 포악한 무리가 오히려 법 을 두려워하지 않고 사사로이 도살하니, 이제부터는 중앙과 지방 의 관사官司에서 엄하게 금단禁斷하여, 어기는 자는 엄격하게 다 스리라.

(「정종실록」, 정종 1년 8월 8일)

업 기반을 와해시키는 행위였기 때문이다. 소가 없으면 농사를 제대로 지을 수 없을 만큼 농민들에게 가장 중요한 일꾼이었다. 그런데 무분별한 도축과 육식으로 소가 부족해졌고 당연히 농업생산력도 떨어져 나라 살림에 심각한 타격을 입힌 것이다. 조선은 전적으로 농업에 의존했기 때문이다.

농업을 보호해서 국가재정을 안정적으로 확보하려면 조정이 나서서 소 부족사태를 예방해야 했다. 가장 좋은 방법은 소 사육을 장려해서 필요한 만큼 공급해 문제를 해결하는 것이었다. 하지만 농상農桑만이 하늘이 부여한 직업, 즉 천직天職이라 여긴 위정자들에게 요즘 말로 축산업 활성화대책은 관심사항이 아니었다. 그들에게 있어 해결책은 하나였다. 수요야 어찌되었든 소 도살을 금지하면 그만인 것이다.

1398년태조7, 끝내 태조는 '우마금령牛馬禁令'을 내려 한성부가 금령을 관장하도록 했다. 우마금령은 소 보호효과도 있었지만 역효과도 만만치 않았다. 법망을 피해서 소 밀도살과 밀거래가 기승을 부렸던 것이다. 이에 조정은 금령 위반자에 대한 처벌 수위를 강화했고, 그러자 소 관련 범죄는 더욱 은밀하고 교묘해졌다.

정종은 마소를 도살하는 무리를 '완악하고 포악한 무리'라고 칭하며 엄하게 다스릴 것을 명했다. 그렇다면 과연 '완

●●

그윽이 『원육전元六典』의 한 항목을 상고해 본다면, 만약 농우를 달단과 화척에게 매도한 사람이 있으면 달단과 화척을 모두 마소를 도살시킨 형률로써 논죄하여 자신自身을 수군水軍에 편입시키고, 잡아 숨김없이 알리는 사람이 있으면 본인本人의 가산家産으로써 충당해 상을 주며, 『속육전續六典』에는 마소를 도살시킨 사람은 한성부와 오부五部에서 엄격히 금지하게 하며, 범한 사람은 『원육전』에 의거하여 시행하며, 도둑질해 죽인 사람은 장杖 1백 대를 치고 자자刺字를 하고 자신自身을 수군에 편입하게 하며, 잡은 사람은 본인의 가산으로써 충당해 상을 주기를 또한 『원육전』에 의거한다고 했습니다.

(「세종실록」, 세종 29년 3월 21일)

악하고 포악한 무리'란 누구를 가리키는 것이었을까? 바로 '백정'이다. 소를 밀도살하여 부유층에게 공급한 장본인이 백정 그들이었다. 조선에 육식 열풍이 불어 수요가 달리게 되었고 우마금령이 내려졌지만 백정은 밀도살로 생업을 이어갈 수 있었다.

그러자 왕조는 밀도살꾼을 겨냥해서 처벌규정을 대폭 강화하는 한편으로 포상제도도 마련했다. 도살범 처벌 및 고발자 포상규정은 『원육전』과 『속육전』에 법문화되었다. 1397년태조6 12월 공포된 『원육전』은 1388년우왕14부터 1397년까지의 법령과 장차 시행할 법령을 수집해서 편찬한 법전이다. 『원육전』이 시행한 뒤에도 새로운 법령이 쌓이자 이를 모아 편찬한 『속육전』은 1413년태종12 2월 반포되었으며, 세종 때에 와서 두 차례나 보완하여 공포된다.

안타깝지만 현재 『원육전』과 『속육전』은 전해지고 있지 않아서, 도살범 처벌 및 고발자 포상규정에 대해서는 자세히 알 수 없다. 다만 『세종실록』세종29년3월21일의 기록을 보면서 그 대강을 짐작할 수 있을 뿐이다.

처벌 내용을 살피자면, 화척에게 매도한 자와 도살자 모두 수군에 편입시키고, 남의 소를 훔쳐 죽인 자는 장 100대와 함께 얼굴이나 팔뚝의 살을 따고 홈을 내어 먹물로 죄명을 찍어

●●

화척의 일은 또한 명년부터 시작하여 도성都城 90리里 밖에 옮겨
두게 하십시오.

(『태종실록』, 태종 11년 10월 17일)

도성都城의 서쪽 무악산毋岳山 아래에 신백정新白丁들이 모여 살고
있습니다. 소와 말을 밀도살하는 것은 이 무리들이 하는 짓이니,
마땅히 서울 밖으로 내쫓아야 되겠습니다.

(『세종실록』, 세종 7년 12월 5일)

●●●

도성의 밑에까지도 또한 재물을 겁탈하고 마소를 도둑질하며 방
자하여 기탄이 없습니다. 전쟁의 일과 나라의 일에서 소중히 여기
는 말과 농우가 거의 없어졌으니 실로 큰 걱정이 되므로 도적을
금지시킬 방법을 서두르지 않을 수 없습니다.

(『세종실록』, 세종 29년 3월 21일)

넣던 형벌인 '자자刺字'를 내린 뒤 수군에 충원시켰다. 또한 이런 도살범을 신고하는 사람에게는 범죄자로부터 몰수한 재산을 상으로 내렸다.

•• 　그러나 법으로 마소의 도축을 금지하였지만 불법으로 암암리에 행해지는 것을 막지 못하였고, 결국 특단의 조치들이 이루어지기 시작했다. 태종은 의정부의 건의를 받아들여, 아예 백정을 도성 90리 밖으로 내쫓았고 죽은 소만 신고를 받아 세금을 매긴 뒤 매매를 허락했다. 세종은 죽은 소마저 매매하지 못하도록 금지시켰다. 멀쩡한 소를 죽이고 병사했다고 허위 신고하는 일이 비일비재했기 때문이다. 세종은 밀도살에 대해 강경하게 대처했다. 그는 병조판서 조말생趙末生의 건의를 받아 도성 밖으로 내쫓아 버렸다.

　세종은 유독 우금령에 대해 강경한 태도를 보인 왕이다. 죽은 소의 매매마저 금지하면서까지 "농사에 꼭 필요한 동물이니 잡아먹지 말라"며 보호정책을 강화한 것이다. 하지만 세종 본인은 정작 고기반찬이 없으면 밥을 먹지 못했다. 그런 세종이 우금령과 함께 농우를 보호하라고 목소리를 높인 것은 우스운 일이 아닐 수 없다. 어쨌거나, 세종 말년인 29년 3월 21일에 불법 도살을 참다못한 의정부가 나섰다.

••• 　『원·속육전』의 규정을 들먹이면서 밀도살을 강력하게 금

●●

……근래 대소인원大小人員의 안롱鞍籠, 수레나 가마 따위를 덮는 우비의 하나에 모두 소와 말의 가죽을 쓰므로, 이로 인하여 가죽을 쓰는 길이 옛날의 배가 되어 가죽 값이 등귀하고, 그 이익이 몇 곱절이 나 되므로 몰래 잡는 자가 날로 늘어납니다.

(『세종실록』, 세종 9년 10월 16일)

●●●

형조에서 보고하기를 "소와 말의 도살을 금지하는 법을 거듭 밝 히고 백정과 평민을 섞여 살게 하는 명령을 새로이 내리십시오"라 고 하니, 그대로 따랐다.

(『세종실록』, 세종 9년 12월 27일)

지하자고 건의한 것이다. 이러한 기록은 세종 말년까지도 마소의 밀도살 행위가 여전히 횡행하고 있었음을 보여준다.

가격폭등과 밀도살의 성행

밀도살 행위의 성행은 육식 보급만이 그 이유가 아니었다. 소를 잡는 것을 법으로 금지하니 고기뿐만이 아니라 가죽 가격의 상승이 따랐는데 거기에 가죽의 소비량 또한 예전보다 증가했다. 이는 역으로 밀도살을 부추기는 또 다른 이유가 되었다.

•• 　관직이 높은 자는 물론이고 낮은 자까지 너나없이 마소 가죽으로 만든 안롱을 사용했으니 가죽 값이 폭등한 것이다. 이렇듯 상대적으로 고수익이 보장되었으니 처벌이 아무리 무서워도 이를 무릅쓰면서 밀도살이 성행할 수밖에 없었다. 결국 세종은 1427년세종 9 12월 27일에 형조의 보고를 받아 새로운 조치를 취하게 된다. 백정과 평민을 섞여 살게 한다는 내용이었다.

••• 　그러나 국왕의 거듭되는 명령에도 불구하고 밀도살은 사라지지 않았으며 더욱 성행했다. 위정자들의 건의와 보고가 빗발칠 수밖에 없었다. 1430년세종 12 4월 6일에는 "소와 말을 도

●●

옛날에는 가죽신 신는 자가 드물더니, 요 사이 사람들이 다 가죽
신을 신기 때문에 가죽 값이 사뭇 치솟아 올라가매, 소와 말을
도둑질하는 자가 더욱 많아졌습니다.

(『세종실록』, 세종 26년 10월 9일)

●●●

재인·백정 등이 많이 본향本鄕에서 도망쳐 나와 경중京中에 붙어
서 도적盜賊이 점점 성하니, 그것을 속히 추쇄推刷하라.

(『세조실록』, 세조 9년 5월 8일)

둑질하다가 죽이는 자가 심히 많사온데, 이는 반드시 모두 갖바치皮匠 무뢰배들의 짓이옵니다"라는 최윤덕崔潤德의 건의가 올라왔다.

이제 백정의 도축행위는 생계를 위한 단순한 생계형 범위 행위를 넘어섰다. 가죽신의 수요 증가에 따른 원자재 가죽 값의 폭등으로 '한몫 챙기기'식의 밀도살 행위가 증가했다. 결국 가죽 가격의 상승이 백정의 도축행위를 더욱 조장한 것이다.

•• 한마디로 왕조의 개국과 함께 조정의 지속적인 도살 금지 조치로 인해 백정은 자신의 생계수단을 잃어 생계형 범죄행위에 나설 수밖에 없었다. 여기에다 가죽 값의 상승은 백정 도축행위를 불러왔고 밀도살이 성행하게 된 것이다. 이러한 상황은 왕이 바뀌어도 계속 이어졌다.

••• 세조 역시 한성부에 대대적인 백정 추방령을 내렸다. 도성에서 백정을 내쫓아 우마금령의 효과를 노린 것이다. 그렇지만 이번에도 도성 추방령이 그다지 성과를 거두지 못하게 된다. 상황이 이러니 1467년세조 13 1월, 대사헌大司憲 양성지梁誠之가 나서 농우 도살금지에 관한 상소문을 올렸다. 소 도살문제가 더 심각해졌기 때문이다. 밀도살한 소고기가 저자에서 버젓이 팔리고 있었다.

양성지는 "지난해 이래로 외방外方의 농우農牛가 도살되는

••

옛날에는 남의 소를 훔쳐서 이를 잡았으나, 지금은 저자에서 사서 잡습니다. 백정은 일정한 수가 있으나 양민은 그 수가 무한하며, 잔치는 일정한 수가 있으나 판매하는 것은 끝이 없으며, 남의 것을 훔쳐서 잡는 것은 일정한 숫자가 있으나 소를 사서 잡는 것은 무궁無窮하니, 일정한 수효가 있는 소를 무궁한 날에 끝없이 잡는다면, 반드시 남산의 소나무와 같이 다 벤 다음에야 그만들 것입니다.

(「세조실록」, 세조 13년 1월 4일)

것이 예전보다 배나 되고, 경중京中의 저자 안에서 하루 동안 소를 사는 것이 수십 마리를 내리지 않는데, 이것은 모두 도살한 것을 쓰니, 이익을 취하는 데 가장 후하여 풍속을 이루었다"며, 밀도살의 심각성을 지적했다. 지방의 경우는 과거에 비해 배나 늘어났으며, 서울에서는 하루에 수십 마리가 도살되고 있는 실정이라는 것이다.

•• 　왕조의 노력에도 불구하고 도축사업이 활성화되자 양민들까지도 밀거래사업에 가세했다. 예전에는 백정만이 소를 잡았으나, 서울은 물론이고 지방의 양민들도 도축업에 뛰어 들었다. 그것도 몰래 잡은 것이 아니라, 공공연히 '저자 안에서 판매하기 위해' 도축한 것이다.

　상황이 점점 심각해지자 양성지는 농우의 절종을 막기 위해 금령 위반사범을 군법軍法으로 다스리자고 주장했다. 즉 "소를 잡은 사람은 도둑질하여 잡았거나 사서 잡았거나 불문하고, 주범과 종범을 가리지 말고 모두 다 즉시 사형에 처하며, 그 처자와 전 가족을 변방으로 이주시키자"고 주장한 것이다. 또한 도살범의 가장 가까운 이웃 세 사람三切隣, 삼절린, 고기를 사먹은 사람, 도살범을 비호한 구실아치까지도 처벌 대상에 포함시켜야 한다고 했다. 서인의 경우는 "장 100대에 전 가족을 변방이주시키고", 사대부는 "장 100대를 때리고, 영원

●●
나라의 제도에 소와 말을 도둑질한 자는 초범에도 사형에 처한다.
(「성종실록」, 성종 1년 3월 3일)

히 벼슬에 등용하지 말자"고 했다.

세조는 양성지의 상소문을 상정소詳定所에 내리게 했다. 상
정소는 중대한 사안이 있을 때 설치하던 임시기구이다. 세조
때는 양성지 건의대로 '도살범 사형법안'이 의결되었던 것으로
보인다. 그 사실은 1470년성종1에 형조에서 올린 상소 내용으
로 알 수 있다.

이때 죄율을 다소 조정하여 낮추었다. 초범은 장 100대에
도徒, 유배 3년에 처하고, 재범은 장 100대에 자자刺字하고, 삼범
은 장 100대에 경면黥面하고, 사범은 교형絞刑에 처했다. 그리고
신고하지 않은 절린 및 구실아치는 장 100대를 때리도록 했
다.[8] 자자는 팔뚝에 죄명을 새기는 형벌이고, 경면은 얼굴에 새
기는 벌이다. 교형이란 교수형이다.

실제 1471년성종2 7월 16일에 소를 잡아 교수형에 처해진 자
들도 있었다. 예컨대 경상북도 포항지역의 옛 고을인 흥해興海
에서 소를 도살한 백정 박오을미朴吾乙未에게 '교대시絞待時' 형
을, 사노비 양봉良奉에게는 '장杖 100대 · 유流 3,000리 · 자자刺
字' 형을 내렸다. 교대시란 교형을 시키되 추분이나 춘분을 기
다렸다가 집행하는 것이며, 유流 3,000리는 도성에서 3,000리

----

[8] 『성종실록』, 성종 1년 3월 3일.

육식문화 보급의 주역 | 125

•●

부사정副司正 안요경은 ……지금에 와서는 백정을 많이 불러들여
거의 쉬는 날이 없이 소를 잡으므로 사람들은 그를 백정의 주인
이라 칭하고 있습니다.

(「중종실록」, 중종 13년 4월 8일)

●●●

전前 울산군수蔚山郡守 황여헌黃汝獻은 ……수령으로서 ……재인·
백정들을 데려다가 본가에 숨겨두고 은밀히 사역을 시켰습니다.
또 민간의 큰 소를 등록하게 한 다음 동향同鄕의 친구에게 준다
고 핑계하여 공공연하게 관가官價로 강매强買하여 주었다가 그
후 체직하여 돌아올 때 술책을 써서 그 소를 도로 빼앗았다.

(「중종실록」, 중종 28년 4월 2일)

떨어진 곳으로 유배하는 것이다.

●● 　잦은 금지 조치에도 불구에도 도축사업은 계속해서 확장되어 나갔다. 그만큼 수요가 늘어났기 때문이다. 여기에는 일부 양반들의 몫도 컸다. 그들은 한몫을 노리고 도축사업에 뛰어든 자들이다. 그 대표적인 인물로 안요경安堯卿이라는 벼슬아치를 들 수 있다. 그는 백정을 고용하여 소를 도축하여 고기와 가죽을 팔아 부를 축적해 나갔다. 조선시대 도축업자의 대부가 되었던 것이다.

●●● 　안요경뿐만이 아니었다. 벼슬아치 중에는 아예 권력을 이용해서 무보수로 백정을 사사로이 부리고 소마저 빼앗아 사업을 벌여 축재의 수단으로 삼은 자도 있다. 『중종실록』의 기록에 등장한 황여헌의 경우가 바로 그러하다. 그는 강제로 백정을 사역시키거나. 소를 빼앗는 등 권력을 이용해서 돈을 벌어들인 악질 벼슬아치였다.

　이렇게 양반들까지도 직접 도축사업에 뛰어든 것이다. 이런 사례들은 당시 그만큼 소고기 소비가 늘었으며, 덩달아 도축업도 호황기를 누렸던 상황을 명백하게 보여주고 있다.

●●

충청·경상·전라도 경차관敬差官인 대호군大護軍 김계지金繼志가 복
명復命, 명령을 받고 일을 처리한 관리가 그 결과를 보고함하여 아뢰기를,
"경상도에 호랑이가 많아, 지난해 겨울부터 금년 봄에 이르기까
지 호랑이에게 죽은 사람이 수백 명입니다. 연해군현沿海郡縣이 더
욱 많아 사람들이 길을 잘 갈 수 없사온데, 하물며 밭을 갈고 김
을 맬 수 있겠습니까?"라고 했다.

(「태종실록」, 태종 2년 5월 3일)

백정,
호랑이
사냥을
주도하다

공공의 적 1호, 호랑이

도축과 더불어 사냥도 백정의 직업 중 하나였다. 조선 왕조는
건국 초부터 호환虎患, 즉 호랑이에 의한 인명 및 가축 피해로
골머리를 앓고 있었다. 왕조 개창 직후인 1402년태종 2, 경상도
에서만 호랑이에게 피해를 당해 죽은 사람이 무려 수백 명에
달했다.

경상도 일개 도에서만 호랑이에게 물려 죽는 자가 불과 반
년 만에 수백 명이나 되었다. 호환이 두려워 백성들은 마음 놓
고 밭을 갈고 김을 맬 수가 없을 정도였다. 1402년태종 2, 경차

●●

예조禮曹에 전지傳旨, 국왕의 명령서하기를, "요즈음 경기 고을畿縣에 악수惡獸가 성행盛行하여 사람과 가축을 상해傷害하는 일이 매우 많다고 한다. 이는 실로 종친宗親·재신宰臣·조관朝官들이 선조先祖 의 분묘墳墓에 사람들의 벌목함을 금함으로 말미암아 나무가 무 성하고 울창하게 되었기 때문인데, 악수가 불어살면서 대낮의 큰 길에서 함부로 사람을 상해하니, 실로 작은 변고가 아니다……" 고 했다.

(『성종실록』, 성종 7년 11월 19일)

관인 대호군 김계지가 알린 이러한 상황은 백성들이 호랑이로 부터 입은 피해가 얼마나 치명적이었는지 환기시켜 주고 있다. 경차관은 조정의 필요에 따라 특수 임무를 띠고 지방에 파견된 벼슬아치로, 주로 청렴한 5품 이상의 관원이 뽑혔는데, 때로는 정3품 이상인 당상관堂上官이 파견되기도 했다.

경상도 연해지역에서 호랑이 피해가 유독 심했던 것은 왜구 침입의 후유증 때문이었다. 고려 말부터 본격화된 왜구 침략으로 경상도를 비롯한 삼남지방의 해안지역이 가장 큰 타격을 받았다. 태종 때 왜구 침략이 잠잠해지자 연해 고을 주민들이 돌아오면서 호랑이의 표적이 되어 피해자가 크게 늘어났다. 왜구 침입으로 연해지역 주민이 내륙 지방으로 이주하자, 무인지경無人之境이 된 고을의 산림이 울창해져 호랑이의 서식지가 된 것이다.

●● 그러나 호랑이에 의한 피해는 지방뿐만이 아니었다. 상대적으로 치안상태가 양호했던 도성 주변 고을의 주민들도 호환으로부터 자유롭지 못했다. 『성종실록』의 기록은 호환이 서울 인접 고을들에서도 자주 발생한 현실을 가르쳐 주고 있다. 벌목이 금지되어 종친宗親·재신宰臣·조관朝官들의 선조先祖 분묘墳墓 인근 숲이 무성해 호랑이의 서식지가 되다 보니 대낮에 큰길에서 호환이 일어난 것이다. 공식문서들에 보이는 '악수'

●●

양주楊州·양근楊根 등지에는 사나운 범이 멋대로 쏘다녀, 2~3달 동안에 30여 사람이 물려 죽었다고 한다. 국가에서는 비록 한 사람이 비명에 죽어도 애석하게 여기는데 하물며 30여 명이겠는가?

(『명종실록』, 명종 9년 8월 14일)

경기에는 능침陵寢이 많은데 악수惡獸의 소굴이 되었다.

(『선조실록』, 선조 36년 10월 18일)

광릉光陵은 산골짜기가 길고 초목이 빽빽하게 들어서서 악수惡獸의 피해가 다른 능에 비해 더욱 심합니다.

(『명종실록』, 명종 15년 3월 11일)

는 사람이나 가축에 상해를 입히는 호랑이 및 표범을 가리키는 말이다.

●● 　도성에서 가까운 경기도에서 발생한 호랑이에 의한 인명 살상에 관한 기록은 이후로도 『조선왕조실록』에 종종 등장한다. 그때마다 그 피해는 제법 심각했으며, 왕가의 무덤 또한 호환의 주된 발생지인 것이다. 능침, 즉 국왕이나 왕비의 무덤을 중심으로 설정한 봉산封山이 호랑이의 소굴로 지목될 정도로 호환을 야기한 전형적인 본보기가 되었다. 세조와 정희왕후貞熹王后 윤씨尹氏의 능인 광릉은 그중에서도 가장 전형적인 사례였다.

　세조가 누구인가. 지존의 지위에 오르기 위해 어린 조카인 단종마저 죽이는 등 권력을 움켜잡고 유지하는 데 방해가 되는 인사들을 거리낌 없이 숙청했던 인물이다. 그 잔혹함이란 역대 왕들 중 둘째가라면 서러워할 세조의 왕릉이 바로 광릉이다. 그의 왕릉이 능욕을 당한 것을 보면 업보가 과연 있긴 있는가 보다. 그러나 달리 생각하면 생전에 세조가 보여준 행태가 죽어서도 재현된 것이 아닐까? 죽어서도 자신의 영면을 방해한 호랑이를 왕조의 위정자들이 소탕하게 하였으니 말이다.

　왕이든 종친이든 정승이든 살아서 특권을 누린 자는 죽어서도 산 자 위에 군림했으니 위정자들이 입이 닳도록 외친 민

••

겸사복兼司僕 조천손趙千孫이 인왕산仁王山[도성 안임]에서 표범을
잡아 바쳤다.

(『중종실록』, 중종 30년 11월 8일)

호랑이가 (도)성 안에 들어와서 전일 쫓으라고 명하셨을 때에 장
수가 삼가 잡지 못해 지금까지도 있어서 밤이면 산 밑에 사는 사
람들이 출입하지 못한다.

(『중종실록』, 중종 19년 11월 10일)

본주의는 당시 힘도 돈도 없는 자에게는 공허한 메아리일 뿐이었다. 물론, 호랑이는 왕조에서 가장 혜택을 받은 도성의 주민이라고 해서 특혜를 베풀지는 않았다.

•• 1535년중종 30 11월, 겸사복 조천손이 인왕산에서 표범을 잡아 바친 일이 있다. 겸사복은 주로 국왕의 신변 보호와 왕궁 호위 등의 임무를 맡았던 금위禁衛의 군사로서, 정3품까지 진급할 수 있었던 무관이다. 조천선이 이처럼 도성 안쪽에 있는 인왕산 기슭에서 표범을 잡았다는 사실은 성내 주민도 언제든지 악수의 피해를 당할 수 있었다는 점을 보여준다. 표범뿐만이 아니라 호랑이도 도성 안에 출몰하곤 하였다. 이러니 도성 주민이 맹수의 표적이 되어 피해를 입는 것은 시간문제였다. 때문에 사헌부司憲府가 신속히 호랑이를 잡지 못한 책임을 물어 그 지휘관을 처벌하자고 나서기도 했다. 이러한 호환이 발생할 가능성은 도성 안팎에 맹수가 서식할 만한 공간이 널려 있었기 때문이었다.

왕조는 개창 직후부터 소나무 벌채를 금지하는 금송령禁松令을 발동했다. 특히 서울을 지킨다는 네 수호신격인 북현무 북北악산과 남주작 목멱산, 좌청룡 낙산과 우백호 인왕산에서는 소나무 벌채를 일절 금지시켰다. 덕분에 도성 부근은 늘 소나무가 울창했다. 호랑이의 서식 내지 은신처로서 안성맞

●●

호랑이가 청량동清凉洞, 청량리에서 사람을 해쳤다.

(「예종실록」, 예종 1년 4월 16일)

신은 동대문 밖에 삽니다. 지난달 그믐날 호랑이가 마을에 들어
와 이장곤李長坤의 집이 있는 동네에서 개를 살상하였는데, 오늘
도 호랑이가 조산造山[동대문 밖에 있다]에 들어와 풀 베는 사람을
상해하고 수도교水渡橋 길가 울밀한 잔솔밭으로 들어가는 것을
보았기에 아뢰는 바입니다.

(「중종실록」, 중종 17년 8월 15일)

●●●

국가에서 소나무의 벌채를 금지하는 법령이 매우 엄격하니, 이로
써 산림이 무성하고 빽빽해서 호랑이와 표범이 몸을 숨길 만한
곳을 얻어서 해가 거듭할수록 번식하여 떼를 지어 해를 끼치고 있
습니다. 군민軍民을 뽑아 보내어 산림의 무밀茂密한 곳을 베어 소
통하게 하고 길가의 총림叢林을 찍고 베어 통망通望을 쉽게 하여,
악호惡虎로 하여금 그 사이에서 살지 못하게 하십시오.

(「성종실록」, 성종 5년 윤6월 25일)

춤이었다.

●●   관군의 삼엄한 경비가 계속됐지만 이것을 무시하듯 호랑이와 표범의 출현은 아무렇지도 않게 이루어졌다. 도성은 더 이상 안전지대가 되지 못했다. 1469년예종1에는 호랑이가 청량동청량리에서 사람을 해치는 일이 발생하기도 했다. 또한 중종 때의 역양부수樑陽副守 존의存義는 호랑이가 동대문 밖 마을에 출현하여 피해를 입힌 상황을 보고하기도 했다.

  도성 주변에서도 자주 호환이 발생한 주된 까닭은 바로

●●● 금송령이었다. 소나무 벌목을 금지한 왕조의 금송령은 호랑이 개체수를 크게 늘어나게 했다. 1474년성종5, 풍저창수豊儲倉守 김인민金仁民은 이러한 사실을 알려 나무를 베어야 함을 주장했다. 풍저창은 중앙의 제반경비를 주관하던 관아이며, 수는 그 기관장으로 정4품이었다. 그의 견해에 따르면, 국법으로 소나무 벌채를 금지하자 산림이 무성해져 호랑이가 해가 갈수록 번식해 호환을 야기한다는 것이다. 그는 해결책으로 '산림이 무성하고 빽빽한 곳'과 '길가의 무더기로 자란 숲'을 없애버려 호랑이의 서식지를 파괴하자고 했다.

  왕조의 위정자들로서는 입버릇처럼 되풀이한 민본주의를 구현하는 척이라도 해야 했다. 민본주의, 즉 백성을 위하는 것을 가장 근간으로 할 때에 최우선 과제가 무엇이겠는가. 백성

●●

행상行商 중에는 짐을 이고 지고 날이 저문지도 모르고 먼 길에
바삐 지름길로 가다가 해를 입은 자가 있었다. 초동樵童 가운데
깊고 울창한 곳에서 나무하고 꼴을 먹이다가 해를 당하는 자도
있다. 새벽부터 밤까지 조세를 운반하거나 부역에 나갔다가 해를
입는 자가 있다. 아침, 저녁을 준비하기 위해 산에서 나물 캐거나
물가에서 낚시질하다가 해를 당하는 자도 있다. 밭 갈고 김을 매
다가 해를 입었으며, 물을 긷다가 해를 당하기도 했다.

(『어우집』 제5권, 「호정문」)

에 대한 '해害民'를 제거하는 일이 최우선적 과제일 것이다. 왕조의 공식문서들은 이것을 '위민제해爲民除害', '제민해除民害' 등으로 표기하고 있다. 흔히 해민害民의 행위자로는 맹수, 도적, 부패한 관리, 해충 등이 지목되었다.

●● 　문신 유몽인柳夢寅, 1559~1623년의 시문집 『어우집於于集』 제5권에 수록된 「호정문虎穽文」에 따르면 들판, 뒷산, 냇가, 심지어 마을의 우물가에서 호랑이에게 죽음을 당하는 사람들이 생겨났다. 예컨대 우물가에서 물을 긷거나 논밭에서 일하다가 죽음을 당했으며, 반찬거리를 마련하다가 죽은 자도 생겨났다. 아이들이 소에게 꼴을 먹이거나 나무하다가 당하기도 했다. 부역 나가서 죽은 자도 생겨났다. 게다가 행상들은 호랑이의 좋은 먹잇감이었다.

　사람들이 일상생활을 영위하는 모든 곳에서 호환이 발생했다. 사람들이 산이든 들판이든 어딜 가나 호랑이를 마주칠 가능성이 항상 존재했기 때문에 호환은 일상적인 현상이 된 것이다. 심지어 마을마저도 호랑이의 습격으로부터 안전하지 못했다. 백성이 느꼈을 공포와 피해가 나날이 커져만 갔고, 왕조는 호랑이 사냥을 위민제해 중 가장 중요한 사안으로 다룰 수밖에 없었다.

●●
승정원에 전교하기를, "백성을 위해 해를 없애는 데는 호랑이 잡
고 도둑 잡는 것이 제일이니 논상論賞해서 권장"하여야 한다.
(『명종실록』, 명종 18년 5월 26일)

●●●
우리나라의 재인과 백정은 그 선조가 호종입니다. 그래서 비단 말
을 잘 타거나 활을 잘 쏠 뿐만 아니라 천성이 모두 사납고 용맹
스러워 걸어 다니면서 짐승을 잡는 데 익숙하여 (사냥을) 예사로
여기며, 험한 곳을 넘나드는 것을 마치 평지를 다니는 것처럼 하
여 주리고 추위에 떨어도 괴롭게 여기지 않으며, 바쁘게 다녀도
고달프게 여기지 않습니다. 만약 그들을 내보내어 선봉先鋒으로
삼는다면 한 사람이 1백 명을 당해낼 수 있을 것입니다.
(『성종실록』, 성종 22년 4월 23일)

1563년명종18 5월, 명종이 위민제해를 명령했다. 백성에게 피해를 주는 호랑이나 도둑을 잡는 것이 우선해야 할 일임을 강조했다. 이처럼 임금들 역시 호랑이 사냥을 위민제해 가운데 가장 중요한 사안으로 간주했다. 왕조의 공식문서에는 호랑이에 의한 인명 및 가축 피해가 '호환'이라 기록되어 있었다. 그래서 호환을 일으키는 호랑이를 '악호惡虎' 혹은 '악수惡獸'라 불렀는데, 그 이름이 '악한 호랑이'를 의미하고 있는 것처럼 증오의 대상이었다. 한마디로 호랑이는 공공의 적, 그것도 1호인 것이다. 호랑이를 전문으로 사냥하는 부류가 출현한 것은 어찌 보면 너무도 당연한 일이었다.

타고난 사냥꾼

왕조의 구성원 중에 호랑이 사냥에 두각을 나타낸 발군의 집단이 있었으니, 그들이 바로 백정이었다. 그들은 북방 유목민의 후예로서 선천적으로 사냥꾼의 자질을 타고났으며 실력 또한 출중했다.

　　『성종실록』성종 22년 4월 23일에는 그들의 탁월한 사냥능력이 잘 묘사되어 있다. 왕조는 북방 오랑캐인 호종의 후손인 백정들의 천부적인 사냥실력을 믿었다. 전투 때 그들을 선봉으로

●●

서흥瑞興 재인 한복련韓卜連이 임금에게 말하기를, "신이 이 지경에서 나서 자라 다른 기술은 없고 호랑이를 잡는 것으로써 직업을 삼았는데, 전후에 잡은 것이 무릇 40여 마리나 됩니다"하고, 봉산으로부터 이후로 몰이하는 것을 문득 잡아 바치니 겸사복兼司僕을 명하였다.

(『세조실록』, 세조 6년 10월 12일)

●●●

명하여 면성군沔城君 한규韓珪에게 갑사甲士 5백 인으로써 광주廣州에 가서 사냥하게 하고, 이어서 광주에 전지하기를, "재인·화척을 빠짐없이 모아놓고 대령待令하라"하니, 대개 상왕上王을 받들고 사냥을 구경하고자 함이었다.

(『태종실록』, 태종 13년 3월 4일)

142

삼는다면 하나가 일백을 상대하는 '일당백―當百'의 용사가 될 만큼 뛰어났다. 이렇게 사냥에 능한 백정들 가운데 무려 호랑이 40여 마리를 잡은 인물도 있었다.

•• 　그가 바로 한복련이다. 세조는 황해도 서흥에서 봉산에 이르는 순행 여정에서 시행한 호랑이 사냥에서 특출한 무재를 지닌 한복련을 시험했다. 그는 이 시험에서 실제로 호랑이를 잡아 능력을 인정받았으며, 겸사복으로 임명되었다. 한복련뿐만 아니라 다른 백정들도 국왕이 주관하는 사냥에 자주 동원되곤 했다.

••• 　태종의 경우, 사냥터로 경기도 광주를 선택하고 나서 갑사는 물론이고 그 지역의 백정 총동원령을 내렸다. 이것은 국왕의 사냥놀이에 국왕 호위부대만이 아니라 백정들이 동원되었음을 알려주고 있다. 갑사는 국왕을 호위하는 특수 군인으로, 전국 부유층의 자제 중에서 선발되었다. 국왕의 사냥놀이는 서울 근교에서만 행해지는 것은 아니었다. 지존의 사냥행위는 저 멀리 전라도에서도 이루어지기도 했다. 물론 이때에도 그 지역 백정에 대한 총동원령이 내려진 것은 너무도 당연한 일이었다.

●●

총청도·경상도·전라도에 명하여 구군驅軍, 몰이꾼을 뽑아 보내게
하였다. 임금이 임실현任實縣 지방에 금수禽獸가 많다는 말을 듣
고 순행巡幸하고자 하여, 경상도·총청도에서 각각 1천 명씩과 전
라도에서 2천 명을 본월 24일에 금주錦州, 금산 남제원리南濟院里에
모이도록 기약하였는데, 각각 10일 양식을 싸오게 하였다. 전라도
에서는 재인·화척과 각진各鎭의 번상番上, 근무 중한 군관軍官과 번
하番下, 비번한 시위군侍衛軍을 전부 다 뽑아 보냈다.

(『태종실록』, 태종 13년 9월 16일)

●●●

양녕대군讓寧大君 이제李禔가 …… 또 유숙하는 고을에 재인과 백
정을 뽑아주도록 명하시어 마음대로 짐승을 사냥했으니, 재인과
백정도 또한 군졸軍卒인데 왕자王子가 군졸을 뽑아 폐단을 점차
커지게 해서는 안 됩니다.

(『세조실록』, 세조 5년 8월 24일)

●●●●

병조兵曹에 전교하기를, "임영대군臨瀛大君 이구李璆가 동래東萊에
가는데, 경과하는 여러 고을 수령은 각각 그 경계에서 두 대隊의
군사로써 맞이하고 전송할 것이며, 온정溫井에 머물 때에는 근처
의 군사가 두 대隊로써 서로 교대하여 호위하라. 만일 사냥하고
자 하거든 재인·백정 및 구군驅軍의 다소多少를 가리지 말고, 수
륙 제장水陸諸將이 모여서 사냥하여 군사의 위엄을 연습하게 하
라……"했다.

(『세조실록』, 세조 12년 1월 21일)

•• 1413년태종 13 9월, 임실이 소속된 전라도를 비롯하여 충청도와 경상도에도 동원령이 내려졌다. 몰이꾼으로는 역시 백정이 동원되었다. 기록상 그 구성원이 전라도의 경우에만 밝혀져 있지만 충청도 및 경상도에서도 백정이 차출되었을 것이다. 그런데 밥도 주지 않고 각자 10일분의 양식마저 지참하고 오게 했다. 왕족들은 국왕이 주관하는 사냥행사에 자주 참여해서 즐겼는데 그들의 사냥놀이는 여기에서 그친 것만이 아니었다.

••• 종친들 역시 공공연히 놀이로 삼아 사냥을 하는 일이 비일비재했다. 세종의 맏형이자 세조의 숙부인 양녕대군 이제가 전국을 떠돌면서 사냥놀이를 즐긴 기록이 『세조실록』에 남아 있는데, 이때에 사사로이 백정들이 동원되었음은 물론이다. 이처럼 조정 내에서 종친들이 시도 때도 없이 백정을 동원해서 사냥을 일삼자 급기야 반대 여론이 비등했다. 그러나 세조는 비난 여론에 굴하지 않은 채 아예 주선하고 나섰다.

•••• 온천욕을 하러 가는 임영대군을 위해 호위만이 아니라 사냥을 할 때 백정을 차출해 편의를 봐주라는 명령을 하달한 것이다. 세조의 이번 교시는 앞서 양녕대군의 무분별한 사냥 행위에 따른 비난 여론에 대한 대응이었다. 사냥이든 훈련이든 군대를 동원할 때에는 반드시 병조에서 발병부發兵符를 받아야만 했다. 조정에서 양녕대군이 발병부 없이 군졸인 백정

●●

요새 사냥꾼은 다만 서울에 있는 군사만을 사용하고, 품종品從,
벼슬아치의 역부(役夫)과 반인伴人, 고관(高官)의 사환·근도近道의 재인 백
정을 보충하였으니, 명색은 비록 무사武事를 강론한다지만 실제에
있어서는 짐승을 잡기 위한 것이니, 무엇이 완급을 가리는 것이
되겠습니까.

(「속동문선」 권11, 타위를 간하는 소)

●●●

재인과 백정의 내력을 신이 알지는 못하나, 그 유래가 이미 오래여
서 국가에서 지금까지 역役을 정하지 않고 각각 그들이 살고 있
는 곳의 관가官家에서 혹은 산행山行, 사냥하게 하고, 혹은 피장皮
匠으로 부린다.

(「중종실록」, 중종 1년 10월 29일)

●●●●

병조兵曹에서 아뢰기를, "각도各道의 도절제사都節制使, 각진各鎭
의 첨절제사僉節制使, 수령守令 등이 군사와 양색 백정兩色白丁, 才白丁

146

을 동원하자 이를 문제 삼았던 것이다. 세조는 이 문제를 예방하기 위해 병조에 지시해 해당 수령들에게 발병부를 발급해서 군사와 백정을 동원할 수 있게 했다. 그래도 꺼림칙했던지 세조는 친절하게도 군사훈련을 명분삼아 사냥놀이를 즐기라고 조언을 아끼지 않고 있다.

•• 　무분별한 백정의 동원이 계속되자 끝내 조정 대신들의 비판마저 나올 지경에 이르렀다. 조선 전기의 문신 홍귀달洪貴達, 1438~1504년은 상소를 올려 이름만 군사훈련일 뿐이며, 그 실상은 사냥놀이판이 되어 버린 실정을 개탄했다. 왕국의 신민臣民에게 귀감이 되어야 할 지존 및 왕족들이 경비마저 지출하지 않으면서 사냥놀이판을 벌였으니 그 수하들이라고 별 다를게 있었을까?

••• 　우려한 대로 지방관들 역시 자기 고을의 백정을 차출해 공짜로 사냥놀이를 즐기는 일들이 벌어졌다. 관료들은 백정들을 피장皮匠으로 사역하고 있을 뿐만 아니라, 사냥 시에도 무보수로 그들을 동원했다. 지방관들이 백정을 사사로이 부리는 폐해가 얼마나 심했는지 그들을 징발하는 행위를 금지하는 조치를 내리기까지 했을 정도였다.

•••• 　1451년문종 1년 4월 19일, 사사로이 백정을 동원하는 자들을 밝혀 엄하게 처벌하자는 병조의 건의가 이어졌다. 이미 법령으

과 禾白丁을 많이 징집하여 사냥하니, 청컨대 『육전』에 의하여 거듭 밝혀서 엄하게 금하십시오" 하니, 그대로 따랐다.

(『문종실록』, 문종 1년 4월 19일)

●●

이제부터 도절제사는 적敵을 대응하거나 군사를 동원하는 이외에 군병점고軍兵點考, 산행출입山行出入 등 비록 하루 동안의 역역役이라 할지라도 반드시 감사監司에게 보고한 연후에 시행하도록 하십시오.

(『세종실록』, 세종 5년 11월 9일)

로 금지하고 있음에도 지방관들의 이런 행위를 엄하게 다스리라는 병조의 건의로 보아 그 폐단의 심각함을 실감하게 해준다. 인용문에 보이는 첨절제사는 종3품의 무관직武官職으로, 큰 진巨鎭의 우두머리이다. 그 약칭이 첨사僉使이며, 병마첨절제사와 수군첨절제사가 있다. 도절제사는 첨사의 상관으로, 각 도의 군사령관이다.

군사를 전담한 부서인 병조가 나선 것은 지방관의 이 같은 무문별한 사냥행위가 군사훈련을 핑계로 이루어졌기 때문이다. "세속世俗에서 사냥을 산행山行이라 한다. 사냥으로 군사를 훈련하기 때문이다"라는 기록을 보면,[9] 세속에서 사냥을 산행이라 불렀는데, 그 까닭은 산에서 사냥으로 군사훈련을 시켰기 때문이다.

이렇게 산행행위가 군사훈련을 가장하게 된 데에는 이유가 있다. 조선 초기에 와서 중앙 및 지방군의 군사체계가 정비되면서 군사들의 훈련을 위한 산행이 크게 성행하게 되었다. 군사에 대한 점검 고찰은 물론이고 산행출입, 즉 군사훈련이 도절제사의 주도 하에 자주 시행된 것이다. 훈련을 가장한 사냥, 즉 산행이 이처럼 성행한 것이다. 그리하여 이러한 폐단을

....

[9] 『문종실록』, 문종 1년 7월 26일.

막고자 도절제사의 군사훈련 등을 통제하는 권한을 관찰사에게 부여하자는 것이다. 감사와 도절제사는 동급인데, 각도 군사령관이 얼마나 무분별한 사냥놀이판을 벌였으면 이런 조치를 취하자는 주장이 제기되었겠는가?

••

옛날 제도에다가 더하기도 하고 덜기도 하여 사냥하여 강무하는 그림蒐狩講武圖을 만들어서, 서울에서는 사철의 끝 달에 강무하여 짐승을 잡아서 종묘宗廟와 사직社稷에 제물로 올리며, 외방에서는 봄·가을 양철에 강무하여 짐승을 잡아서 그 지방의 귀신에게 제사 지내게 하면, 무사武事가 익숙해지고 신神과 사람이 화和할 것입니다.

(『태조실록』, 태조 5년 10월 20일)

착호捉虎제도,
강무 및
타위 정비

당시 군사들의 산행은 군사훈련만이 아니라 호환에 따른 인명 살상을 최소화하기 위해서 이루어졌다. 개국 직후인 태조 이성계 때부터 호환은 위정자들의 최대 고민이었고 공공의 적 1호인 호랑이에 대한 피해를 줄이기 위해 정책을 세우고 실행에 옮겼다.

그리하여 등장한 핵심대책은 바로 강무제도講武制度이다. 강무講武란 왕이 직접 나가 참여하는 군사훈련으로서의 수렵대회를 말한다. 주목적은 군사훈련이지만 사냥을 겸함으로써 화근인 악수 호랑이를 제거할 수 있었다. 태조 이성계는 의흥삼군부義興三軍府의 건의를 받아 수수강무도를 만들어 정부

●●
호랑이를 잡기 위한 산행 및 군사를 훈련시키기 위한 산행捉虎山
行及鍊軍士山行, 순찰 등의 일은 시키지 말 것.
(「세종실록」, 세종 27년 7월 18일)

●●●
전하께서 해마다 세 번씩 친히 근교에서 사냥하시어 종묘宗廟를
받드시고, 무사武事를 강구講究하십시오.
(「태종실록」, 태종 2년 6월 11일)

앞서 관원을 파견하여 경기京畿·개성부開城府·충청도忠淸道·전라
도全羅道·경상도慶尙道의 군사를 징발하게 하였는데, 이에 이르러
여러 도의 군사를 살곶이箭串 들에 모으니, 기병騎兵이 모두 8천
8백 40이요, 보병步兵이 8백이었다.
(「세조실록」, 세조 7년 2월 28일)

●●●●
임금이 수강궁에 나아갔다. 상왕이 임금과 더불어 강원도에서
강무하였는데, 양녕대군 이제李禔, 효령대군 이보李補, 공녕군恭寧

가 주도한 사냥, 즉 강무의 정례화를 꾀했다. 이에 따라 서울
에서는 사계절의 끝 달3, 6, 9, 12월, 지방에서는 봄가을의 끝 달3,
9월에만 시행하도록 했다. 의흥삼군부는 조선 초기 군령軍令과
군정軍政을 총괄하던 관아로, 흔히 삼군부라 줄여 부른다.

••   1445년세종 27 의 기록에 '착호산행捉虎山行'라는 용어가 새로
이 등장했다. 그만큼 호랑이 사냥이 자주 이루어졌음을 짐작
할 수 있다. 태조 및 정종 때 강무는 각각 한 차례씩만 시행되
었다. 체제가 아직 정비되지 않았음은 물론이고 정국 또한 안
정되지 않은 상황에서 국왕이 몸소 교외에 나가 강무하기에
는 현실적인 어려움이 있었기 때문이다. 훗날 태종 때에 와서
야 강무제도가 제대로 작동하기 시작했다.

•••   다만, 태종은 예조禮曹의 건의를 받아들여 국왕이 주관하
는 근교에서의 사냥행사를 종래 네 차례에서 춘 · 추 · 동 세 차
례로 줄였다. 이어 세종 때에 와서 봄가을 두 차례로 재조정되
었다. 1461년세조 7 2월에 있었던 국왕이 친히 주도한 강무의 기
록을 보면, 그 참가인원이 정규군만 해도 1만여 명에 달할 정
도로 엄청난 인원이었다. 적게는 수천 명에서 많게는 수만 명
을 동원하여 행해진 대규모의 사냥, 곧 군사훈련인 것이다.

••••   1419년세종 1 11월 초 강원도에서 열린 강무에 관한 기록을
보면 그 규모를 짐작할 수 있다. 당시 강무는 첨총제를 비롯

君 이인李裀, 우의정 이원李元…… 첨총제僉摠制 김월하金月下·지백연池伯淵·조정趙定들이 어가를 따랐다. 상호군上護軍·대호군大護軍·호군護軍·사금司禁·사엄司嚴 및 사사로 부리는 반당伴儻, 사환을 제한 외에도 갑사甲士·별패別牌·시위패侍衛牌를 아울러 2천여 명이었으며, 말이 만여 필이고, 별군·방패別軍防牌가 수천 명이었다.
(『세종실록』 세종 1년 11월 3일)

●●

두 임금이 화동禾洞에서 점심을 먹고 북쪽 산에서 사냥하였다. 충주도忠州道, 충청도 및 원주도原州道, 강원도 몰이꾼驅軍 9천여 명이 어가를 따라온 군졸과 함께 산에 올라 몰이하는데, 고각鼓角, 북과 나발 소리가 하늘을 흔드니, 짐승이 사장射場, 활쏘기에 알맞은 장소에 내려오는지라, 두 임금이 친히 짐승을 쫓아서 각각 사슴 한 마리씩을 쏘아 맞혔다.
(『세종실록』, 세종 1년 11월 6일)

한 장군들은 물론이고 주요 종친 및 대신들도 수행했다. 그들이 사사로이 부리는 반당까지 참가했다. 그밖에도 갑사·시위패의 상층부를 이룬 기병 별패·시위패 2천여 명과 별군·방패 수천 명이 동원되었다. 별군은 조선 왕조 개창에 공이 많은 함경도 출신 군사를 우대하기 위하여 설치한 병종兵種이며, 방패는 방패를 무기로 쓰던 병종이다.

당시 동원된 별군·방패의 인원이 수천 명이라 표기되어 있어 정규군의 수효는 정확히 알 수 없지만, 말이 1만여 필이라 한 것으로 보아, 족히 1만 명 정도는 되었음을 알 수 있다. 이처럼 국왕의 주도 하에 시행된 강무에 동원된 군사의 수는 방대했다.

이때 강원도에서 열린 강무에는 구군驅軍 혹은 구수군驅獸軍이라 불린 몰이꾼도 동원되었는데, 그 규모 역시 정규군의 인원에 버금갔다. 강원도와 충청도에서 동원된 몰이꾼이 무려 9천여 명에 이른다. 여기서 강무 때 실행한 사냥기법을 알 수 있다. 몰이꾼과 군졸이 산 하나를 둘러싸고 올라가면서 고각鼓角을 울리며 한 곳으로 사냥감을 몰아오면 활을 쏘거나 창을 던져 잡는 식이었다.

이 방식을 당시 왕조에서는 '타위打圍'라 불렀다. 타위는 위내圍內, 즉 포위망 안에 든 호랑이 포획은 물론 그 먹잇감이 되

●●

강원도에서 강무하였다. ……군기감軍器監에 소속한 잡색 군정雜
色軍丁, 시위군侍衛軍의 대장隊長·대부隊副, 경기의 당령 선군當領船
軍·재인才人·화척禾尺을 징발하여 몰이꾼으로 충당하였는데, 모두
5천 명이었다.

(『태종실록』, 태종 14년 윤9월 3일)

●●●

"강무講武하는 것은 사졸士卒을 훈련하고 행진行陣을 교열敎閱하
며, 위로는 제사籩豆의 찬수에 이바지하고 아래로는 금수禽獸의
해를 제거하는 것이니, 사시의 사냥을 혹시라도 폐할 수 없는 것

는 짐승들까지 모두 잡을 수 있는 일거양득의 효율적인 사냥 기법이었다. 호랑이 먹잇감을 없애야 호랑이 개체수를 줄일 수 있는 부수적인 효과도 볼 수 있기 때문이다.

••   기록상 강무에 동원된 몰이꾼의 구성원을 구체적으로 적시하지 않아 어떤 부류로 이루어졌는지 알 수 없었다. 그러나 흥미롭게도 흔히 백정들이 동원되었음을 1414년태종14 9월의 기록에서 찾아볼 수 있었다. 몰이꾼으로 백정인 재인 및 화척도 차출되어 강무에 참석했다는 기록이다. 군기감은 병기·기치旗幟·집기什器 등의 제조를 맡던 관아로, 1466년세조12 군기시로 개칭된다.

   타위는 사냥 기법만이 아니라, 강무에 참여하지 못하는 군사들을 대상으로 하는 군사훈련을 지칭하는 용어이기도 했다. 조선 왕조의 중앙군은 장기 복무長番하는 금군禁軍과 번상番上, 지방에서 번갈아 올라오다하는 군사들로 구성되었다. 금군은 최정예 군사들로서 항상 훈련하면서 국왕의 시위를 맡았고, 번상군인은 당번에 해당하는 일정 기간 상경해 훈련하면서 시위에 임했다.

•••   그런데 강무는 매년 정기적으로 시행했지만, 천재지변이나 국상 등이 발생하면 여러 해에 걸쳐 시행하지 못하는 경우도 있었다. 때문에 번상군졸 중에는 강무에 참가하여 군사훈련

입니다. 지금 군사가 5월에 입번入番하는 자는 강무에 참여하지 않으며, 정월, 9월에 입번하는 자는 혹 강무를 정지하고 다만 입직入直에 참여하기만 하니, 훈련의 뜻에 어긋나오며, 이로 인하여 금수가 번식하여 곡식을 해치오니 진실로 큰 폐단이 되옵니다. 이제부터는 군사를 훈련하는 산행山行을, 매년 군사가 정월에 입번한 자는 2월 보름 후에 한 번, 3월 보름 전에 한 번 하고, 5월에 입번한 자는 5월 보름 전에 한 번, 8월 보름 후에 한 번 하고, 9월에 입번한 자는 10월 보름 전에 한 번, 보름 후에 한 번으로 하여, 삭녕朔寧·안협安峽·이천伊川·김화金化·금성金城·남곡嵐谷·낭천狼川·춘천春川·홍천洪川·횡천橫川·방림芳林·진부珍富·원주原州·지평砥平 등지에서 연사年事, 농사가 되어 가는 형편의 풍흉豊凶을 물론하고 차례대로 돌아가는 순서대로 타렵打獵하게 하십시오”하니, 그대로 따랐다.

(『세종실록』, 세종 31년 4월 17일)

●●

착호갑사 30명으로 하여금 강무할 때에, 20명은 중축中軸, 대열 한 가운데를 가로지르는 축에, 10명은 가전駕前에 나누어 정하고, 이를 길이 항식恒式으로 삼게 하라.

(『세종실록』, 세종 16년 2월 16일)

을 한 번도 받지 못한 자들이 생겼다. 병조의 보고를 받은 의정부가 세종에게 건의하였고 조정에서는 군사훈련에 참여하지 못하는 번상군인들을 없애기 위해 강무를 보다 간략한 형식으로 시행하는 제도를 마련했다. 그것이 바로 타렵打獵, 즉 타위이다.

이들에게는 훈련 시기와 장소를 별도로 정해 경기 및 강원도의 고을 중에서 훈련장을 골라 두 차례씩 타위를 실시했다. 또한 강무와 달리 소규모의 훈련인 만큼 흉년이 들더라도 빠짐없이 시행하게 했다.

호랑이부대 창설

•• 그 형식이 타위이든 강무이든 호랑이 사냥은 매우 중요한 성과로 평가되었다. 그래서 강무 때에는 호랑이 포획을 전담하는 착호갑사捉虎甲士를 중축 및 임금의 가마 앞에 배치했다. 호랑이 사냥은 군인이라고 누구나 할 수 있는 일이 아니어서 그 포획을 전문으로 하는 착호갑사를 별도로 창설한 것이다. 착오갑사는 초기에는 서울에 올라와 숙위宿衛를 담당하던 갑사 중에서 선발했지만, 제도가 정비되면서는 각도 병사의 추천을 받아 뽑았다. 호랑이 잡이를 '착호捉虎' 혹은 '포호捕虎'라

●●

착호갑사는 현재의 당번자와 다음 번 사람의 수를 모두_{각각} 20명
으로 정하였으나, 다만 전번에 임명한 착호갑사는 일정한 정원이
없으니, 그냥 20명으로 정하여 주십시오.

(『세종실록』, 세종 3년 3월 14일)

호칭했으며, 이들을 '착호갑사'라 불렀다. 또한 그 우두머리를 '착호장捉虎長'이라 한다.

당연히 횟수가 제한된 강무만으로는 호랑이 포획에 한계가 있을 수밖에 없다. 그것이 대규모의 강무 형식이든 소규모의 타위 형식이든 말이다. 때문에 호랑이 사냥을 전담하는 부대를 창설하는 것은 실용적인 측면으로 보았을 때 너무도 당연한 일이었다. 착호갑사라는 용어가 『태종실록』태종 16년 10월 27일에 처음 등장한 것으로 보아, 그1416년 전부터 존재했을 가능성이 크다. 이때까지만 해도 착호갑사는 임시로 운영된 것으로 여겨진다. 상왕 태종이 병권을 이양하지 않은 채 장악하고 있었기 때문에, 그가 병조의 건의를 승인하면서 공식적으로 활동하게 된 것이다.

•• 착호갑사는 1421년세종 3에 와서 당번當番 및 비번非番 각각 20씩 총 40명을 뽑아 양번兩番제로 운영되기에 이르렀다. 1428년세종 10 9월 1일에 와서는 당번 및 비번 포함 총 80명씩으로 늘어나는 등 착호갑사의 정원도 계속 증가하면서 성종 때에 완성된 『경국대전經國大典』 단계에 와서는 무려 440명이나 되었다兵典, 捉虎. 이들 착호갑사는 5번番으로 운영하게 되어 있었는데, 1번은 30개월마다 6개월씩 근무했다. 『경국대전』은 『원육전』과 『속육전』 그리고 그 뒤의 법령을 종합해 편찬한

●●

(착호)갑사 박타내朴他乃는 창을 가지고 나아가서 잘못 찔러서 호랑이에게 물려 거의 죽게 되었으므로, 도승지都承旨 신면申沔에게 명하여 극진히 약으로 구호하게 하고 드디어 환궁하였는데, 이튿날 박타내가 죽었다.

(「세조실록」, 세조 12년 1월 28일)

●●●

이제부터는 본도의 병마도절제사兵馬都節制使가 호랑이와 표범이 많이 나오는 때를 당하여 자원하는 사람으로 하여금 잡게 하되, 일찍이 내린 교지에 따라 그 창과 화살을 나누어 주고 잡기를 먼저 하고 뒤에 함과, 잡은 마릿수와 많고 적음을 보고하거든, 본조兵曹에서는 그에 따라 곧 빨리 보고하여, 그 포획이 많은 자를 결원이 있을 때에 보궐 임명하도록 하십시오.

(「세종실록」, 세종 11년 2월 2일)

●●●●

새로 착호갑사에 소속된 자는 마땅히 용감한 자를 뽑아야 할 것이온데, 한갓 말 타고 쏘는 자와 걸으며 쏘는 자만을 뽑았사오니 왕조의 기본 법전으로, 1485년 1월 1일부터 시행되었다.

•• 아무리 출중한 무예실력을 지닌 자라도 호랑이 포획 과정 중에 단 한 번의 실수만으로 생명을 잃는 사고가 발생하기도 했다. 세조 때 착호갑사 박타내에 대한 기록은 호랑이를 대적하는 상황에서 작은 실수라도 목숨을 잃는 상황이 될 수 있음을 말해준다. 이렇게 위험한 일이었기에 착호갑사의 선발은 매우 엄격할 수밖에 없었다.

••• 그 기준은 이러하다. 자원자들 중에 각도의 병마도절제사가 호랑이와 표범을 포획한 자들의 성적을 작성하면, 이것을 토대로 착호갑사를 선발하는 것이다. 철저히 실력이 검증되어야만 호랑이 사냥꾼이 될 수 있었다. 이때, 세 번째로 화살을 쏘거나 창질한 자에게도 포상을 내린 것으로 보아, 당시의 호랑이는 크기에 관계없이 무려 화살 및 창에 각각 세 차례씩 맞아야 제압될 정도로 위협적인 존재였음을 알 수 있다. 물론 많이 포획한 자도 좋은 성적을 받겠지만, 먼저 쏘거나 찌르는 자가 착호갑사에 우선적으로 임명되었다. 호랑이는 순식간에 인명을 해칠 수 있는 존재이기에 일단 첫 공격으로 제압해야 했기 때문이다.

•••• 『세종실록』세종 21년 윤2월 18일에서 확인된 이러한 선발원칙은 『경국대전』병전 착호조에서도 찾아볼 수 있다. 가령 호랑이

부당합니다. …… 그러나 사람이 용감하다는 것은 참으로 미리 알기 어려운 일이오니, 청컨대 자원하여 새로 소속된 자와 예부터 있는 갑사와 함께 시험하게 하여, 먼저 활을 쏘든지 먼저 창으로 찌르든지 그중에서 한 가지에 합격된 자로 보충하게 하십시오.

(『세종실록』, 세종 7년 6월 27일)

●●

착호장捉虎將 김양필金良弼이 복명復命하고, 이어서 아뢰기를, "범을 잡을 때에 한 사람도 다치지 않았습니다"라고 하였다(전후에 잡은 것이 19마리였다).

(『중종실록』, 중종 19년 12월 27일)

를 포획하면서 먼저 화살을 쏘거나 창질한 자, 혹은 두 번째로 화살을 쏘거나 창질하여 두 마리를 잡은 자를 선발하도록 했다. 이렇게 호랑이를 포획한 경험이 있는 자를 선발하다 보니, 착호갑사의 포획능력은 조정에서도 크게 만족스러워 할 만큼 매우 뛰어났다. 세종은 "호랑이는 곳곳에 횡행하나 착호갑사는 자기의 책임으로 여기어 그 포착하는 것이 어렵지 아니하옵니다"라는 보고를 받았다.[10]

●● 사실 착호갑사는, 자세한 기록이 남아 있지 않아 활동 영역 등 자세한 정보는 알 수 없으나 기대 이상의 성과를 올리고 있었다. 다만 "경기 등에서 고약한 짐승을 몰아 잡는 일은 시일이 이미 오래 되었으니, 착호장 김양필을 세전歲前에 들어오게 하라"는 5일 전의 기록으로 보아, 꽤 오랫동안 경기 일원에서 활동한 것으로 보인다. 또한 김양필의 착호부대가 단 한 명의 희생자도 없이 무려 19마리나 포획했으니, 밥값을 제대로 한 것이 틀림없다.

호랑이 사냥은 지방에서도 이루어졌다. 각도의 관찰사와 절도사節度使가 지방군을 동원하여 호랑이 포획에 나섰다. 호랑이가 관할구역 내에 출현할 경우에는 발병부發兵符 없이 감

---

10 『세종실록』, 세종 21년 윤2월 18일.

●●
호랑이나 표범이 사람과 가축을 많이 해치는 것을 싫어하는데,
어찌 때때로 포획捕獲하지 아니하는가? 모름지기 기계機械와 함정
陷穽을 더 설치하여 힘써 포획하도록 하라.

(『세조실록』 세조 10년 8월 28일)

●●●
비록 함정檻穽, 함기와 함정을 설치해 놓았으나 호랑이가 스스로 오
지 않으면 어떻게 해서 잡을 수 있겠는가?

(『성종실록』, 성종 25년 3월 8일)

사와 병사가 휘하 수령들을 지휘하여 포호활동에 나섰다. 본래 관찰사나 절도사는 병조로부터 발병부를 받아야만 군사를 동원할 수 있다는 법령을 따라야 했다. 하지만 포호활동의 경우는 호랑이 출몰이 일정하지 않아 출현 즉시 군졸을 투입해서 잡아야 하는 시급성이 있어 예외규정을 두었다.

•• 　그런데 무관 출신이 아닌 감사로서는 휘하 수령들을 지휘하여 호랑이를 잡는 데 소극적일 수밖에 없었다. 세조가 팔도 관찰사에게 내린 명령을 보면, 감사의 경우는 덫을 놓거나 함정을 파서 호랑이를 포획하는 방식이 대부분이었다. 같은 날 국왕은 각도의 경차관敬差官 등에게 각 고을 단위로 설치된 기계 및 함정의 현황을 조사해 보고하라고 명령했다.

　당시에 호랑이를 잡기 위해 만든 함정은 땅을 파고 구덩이를 만들어 윗머리가 뾰족한 말뚝을 박은 후 그 위를 덮어 호랑이가 빠지게 하는 방식이었다. 기계는 흔히 '함기檻機' 혹은 '궁노弓弩'라 했다. 궁노는 사냥감이 격발장치를 건드리면 쇠뇌가 발사되어 스스로 살상당하도록 숨겨 놓는 무기이며, 함기는 나무로 만든 우리檻를 이용해 잡는 덫과 같은 장치이다.

••• 　과연 직접 찾아다니며 사냥하는 방식이 아닌, 호랑이가 다니는 길목에 함기 등을 설치하여 포획하는 방식이 만족스러운 결과를 가져올 수 있었을까? 호랑이가 와서 함정에 빠져주

••

경상우도 병마절도사慶尙右道兵馬節度使에게 유시諭示하기를, "지금 들건대 상주尙州·선산善山·금산金山 등지에 사나운 호랑이가 많아서 사람들을 해친다고 하니, 경卿은 활을 잘 쏘는 사람을 뽑아 거느리고 가서 이를 잡도록 하라……"고 하였다.

(『성종실록』, 성종 2년 1월 9일)

•••

본도전라도 절도사 허형손許亨孫이 10월 18일 호랑이를 잡는다고 성언聲言하고, 아홉 고을의 군사를 순창淳昌에 징발하여 모으고, 또 광주光州에 25일 동안 모았다가 군사를 파罷했다.

(『예종실록』, 예종 1년 11월 28일)

매년 2월 10일에 여러 도의 절도사가 도내道內의 군사를 징발하여, 혹은 10일치의 양식을 싸거나 혹은 20일치의 양식을 싸서, 좌도左道·우도右道가 서로 바꾸어 습진習陣한다.

(『예종실록』, 예종 1년 11월 28일)

지 않으면 포획이 불가능한 것이니 직접 사냥에 나섰던 강무나 타위에 비한다면, 이것은 매우 소극적인 방식이었다. 실제 기록을 보면 호랑이가 스스로 오지 않으면 어떻게 해서 잡을 수 있겠느냐며 왕조의 위정자들 모두 탐탁지 않게 생각했음이 분명하다.

•• 현실이 이러니 병사가 아무래도 군사들을 동원하는 적극적인 포호활동을 할 수밖에 없었다. 성종은 상주 등 경상우도 관할지역에서 호랑이가 많아 사람들을 해치자 감사가 아닌 병사인 경상우도절도사에게 군사를 동원하여 포획하라고 지시했다.

••• 무관 출신인 절도사가 봄가을 강무도 주관했다. 지방군의 강무 역시 경군처럼 호랑이 포획을 가장 중시했다. 1469년예종1 11월, 전라도 절도사는 이처럼 호랑이 포획을 목표 삼아 여러 고을의 군사를 동원하여 각각 전라 좌도순창, 전라 우도광주에서 강무를 시행했다.

절도사들의 이와 같은 강무활동은 예종 때 만들어진 훈련지침에 따른 것이다. 10일이나 20일치의 양식을 지참하고 오게 했는데 절도사의 주관 하에 10일 내지 20일 동안 교대로 각각 좌도, 우도에서 강무를 시행했음을 알게 해준다. 물론 지방군 강무의 주된 목적 또한 호랑이 포획이었다.

••

5마리를 포획하는 데 모두 화살과 창으로 먼저 명중시킨 자는 두 단계를 뛰어서 승진시킨다향리·역리·천인은 면포 60필을 지급한다. 이하 매 등급마다 각 20필씩 감한다. 3마리는 첫 번째로 먼저 명중시키고, 2마리는 두 번째로 명중시킨 자는 한 단계를 뛰어서 승진시킨다. 1~2마리를 먼저 명중시키고, 3~4마리를 두 번째 명중시킨 자는 1품계를 올려준다. 계궁자階窮者, 당하관(堂下官)의 품계로 더 이상 올라갈 자리가 없게 된 자는 준직準職, 품계에 해당하는 벼슬한다.

(「경국대전」 권4, 병전, 군사급사)

그러나 강무만으로 지방에서의 호환을 막을 수 없었다. 1년에 한두 차례 시행한 강무만으로 어떻게 관할지역의 모든 호랑이를 일망타진할 수 있었겠는가. 이러한 이유로 지방에도 호랑이 잡이를 전담하는 군인을 두었는데, 이들을 '착호인捉虎人'이라 호칭했다. 『경국대전』에는 주州 및 부府가 50명, 군郡이 30명, 현縣은 20명을 정원으로 규정되어 있으며, 호랑이가 출현할 경우 수령들이 이들 착호인을 동원하여 포획하도록 했다.

착호인에 대한 포상규정도 마련했다. 포상은 마리 수, 크기, 쏘는 순서첫 번째, 두 번째, 세 번째 등에 따라 달랐다. 호랑이는 대호大虎·중호中虎·소호小虎의 크기로 분류하고 표범은 크기에 상관없이 소호 아래에 두었다. 예컨대 『경국대전』에도 규정되었다.

5마리를 먼저 명중시킨 자는 무려 세 품계나 승진시켜 주었다. 3마리는 먼저 명중시키고, 2마리는 두 번째로 명중시킨 자는 두 품계를 올려 주었으며, 1~2마리를 먼저 명중시키고, 3~4마리를 두 번째 명중시킨 자는 한 등급을 승진시켜 준 것이다.

착호갑사와 달리 착호인은 양인인 군사들만이 아니라 향리鄕吏, 역리驛吏, 공사천公私賤 중에서 자원하는 자들을 대상으로 선발하기도 했다. 그래서 포상규정을 별도로 마련했다. 그

●●

(호랑이) 가죽 한 장당 베 40~50필이나 하게 되어 수신帥臣**, 병마
절도사 및 수군절도사들이 사사로이 쓰는 것이 되고 말았다.**

(『인조실록』, 인조 3년 3월 19일)

것은 향리, 역리, 천인 중에는 관직을 수행하기에 적합하지 못한 자들이 많았기 때문에 벼슬이 아닌 현물로 포상한 것이다. 가령 5마리를 먼저 명중시킨 자는 무려 면포 60필이나 지급했으며, 이하 매 등급마다 20필씩 줄여 지급한 것이다. 성인 사내종이 주인에게 노역이 아닌 현물로 바칠 경우 1년 3필이었으니, 당시 1필만 해도 4개월 품삯에 해당할 정도로 꽤 큰 액수이었다.

1마리 포획에 대한 포상규정도 있었는데, 가령 향리·역리·천인 중 1마리를 잡은 1등에게 면포 6필을 지급하되, 매 등급마다 반 필씩 감했다. 1등은 대호를 처음 쏜 자, 5등은 중호를 두 번째로 쏜 자. 9등은 소호를 세 번째로 쏜 자에게 돌아갔다.

•• 이들 착호인을 지휘한 수령에게도 포상했다. 1년에 10마리 이상 잡은 수령에게는 1품계를 올려 주었다. 그리고 잡은 호랑이는 포획자의 몫이었다. 포획한 호랑이를 차지한 그 자체가 최고의 상인 것이다. 실제로는 포상으로 내려진 호피虎皮, 곧 호랑이 가죽이 포획자의 윗선인 장수 등의 몫이 되었지만 말이다.

지금까지 왕조의 기록들로 살펴본 바에 의하면 중앙은 물론 지방에서도 호랑이 포획을 위한 전담부대를 창설했다는 것을 알 수 있다. 현재 이들 착호인 내지 착호갑사의 구성원이 어떤 부류인지에 대해서는 관련 정보가 거의 남아 있지 않아 자세히 알 수 없다는 것이 안타까울 뿐이다. 다만 세종 때의 재상 최윤덕崔閏德의 고사故事는 그 실마리를 제공해 주고 있다. 이 고사는 이긍익李肯翊, 1736~1806년이 편찬한 『연려실기술練藜室記述』에 실려 있다.[11]

이에 따르면 이긍익이 활동한 시기까지도 최윤덕은 평안도 안주목사判安州牧使로 있을 때 수만 그루의 버드나무를 고을 남쪽에 심어 수해를 막고, 고을 사람을 해친 호랑이를 잡아 죽여 민원을 해결한 일로 칭송이 자자했다는 것이다. 사실 따지고 보면 최윤덕이 이런 능력을 발휘할 수 있었던 것은 어린 시절의 경험에서 비롯된 것임을 알 수 있다.

최윤덕은 어머니가 죽자 이웃에 살던 백정의 집에 맡겨져 자랐다. 평소 사냥 등 백정의 생활방식을 터득했던 그는 어느

----

11 『연려실기술』 권3, 세종조고사본말, 세종조상신.

●●
각도의 도절제사, 각 진의 첨절제사, 수령 등이 군사와 양색백정
兩色白丁을 많이 징집하여 사냥하니, 청컨대 『육전』에 의하여 거듭
밝혀서 엄하게 금하십시오.

(『문종실록』, 문종 1년 4월 19일)

날 산중에서 방목하던 마소馬牛를 해치려는 호랑이를 쏘아 잡기도 했다. 안주목사가 된 그는 어린 시절 익힌 사냥능력을 발휘해서 민원을 해결했다. 또한 백정에게 버드나무가 물가에서 잘 자란다는 사실을 배운 그는 고을의 천방에 버드나무를 심어 수해를 예방했다.

버드나무 가지를 이용해 유기를 제작하는 일은 백정의 생계수단 중 하나였으니, 그들이 버드나무 식생에 대해 너무나 잘 알고 있는 것은 어쩌면 당연한 일이었다. 그들의 지식이 최윤덕에게 고스란히 전해졌음은 말할 것도 없다. 이처럼 백정의 집에서 자란 최윤덕이야말로 백정의 타고난 사냥솜씨를 누구보다도 잘 알고 있었을 것이지만, 여타 지방관들도 사냥 때 군사만이 아니라 백정을 자주 동원했다. 그 부역이 얼마나 빈발했는지 법령으로 금지할 정도였다.

●● 동원 금지령이 공포된 후에도 병사를 비롯한 지방관들은 법령마저 무시한 채 백정을 무분별하게 동원했다. 부를 좇는 치부致富 내지 출세하려는 수령들의 개인적인 욕망이 이와 같은 불법적인 행위를 유발한 것이다. 1년에 10마리 이상 잡은 지방관에게는 한 계급 진급혜택이 주어졌다. 부수입도 꽤 짭짤했다. 당시 호피 가격이 40~50필을 호가했다. 사내종 1년 품삯이 3필이었으니, 한 마리만 잡아도 성인 남자의 15년 품

삶에 버금가는 수입을 챙긴 셈이 된다. 그 원인이 무엇이었던 간에 최윤덕처럼 지방관들도 백정들의 빼어난 사냥능력을 잘 인지하고 있었기 때문에 불법적인 행위가 자행된 것이다.

그렇다면 구중궁궐에서 사는 국왕들은 백정의 뛰어난 사냥솜씨를 전혀 모르고 있었을까? 그렇지 않았다. 국왕들 역시 백정의 사냥실력을 더 잘 알고 있었다. 앞서 예로 들었던 태종 때의 일을 다시 한 번 살피자면, 그는 경복궁 후원에서 사육하기 위해 광주 출신 재인 장선과 그 무리에게 노루와 사슴을 생포해서 바치게 했다. 또 경기도 광주와 전라도 임실로 사사로이 사냥놀이 갈 때도 그 지역의 백정을 차출하라고 명령했다.

비단 태종만이 아니었다. 세조도 동래에 가는 임영대군 이구의 사냥놀이를 위해 그 경과하는 각 고을 수령들에게 백정을 동원해 주라고 명령한 것이다. 물론 국왕의 공식적인 강무 때에도 그들은 몰이꾼으로 차출되었다.

구중궁궐의 국왕들도 백정이 빼어난 사냥꾼임을 이토록 잘 인지하고 있었는데, 늘 그들과 대면하고 있던 지방관들은 두말할 나위도 없을 것이다. 이러니 지방관들도 자기 고을의 백정을 차출해 사냥판을 벌인 것은 자명한 사실이다.

●●

절도사節度使로 하여금 군사나 향리 그리고 역자驛子와 공·사천
을 물론하고 자원自願하는 것을 들어주어 착호인을 뽑아 정하되,
주와 부는 50인, 군은 30인, 현은 20인으로 액수額數를 삼게 하
십시오.

(「성종실록」, 성종 3년 3월 20일)

•• 1472년성종3 3월 "만약에 범이 출현할 것 같으면, 수령이 곧 착호인을 징집해 이를 포획하게 하십시오"라는 병조의 보고를 보면 고을 수령들은 관할지역에 호랑이가 나타나면, 즉시 착호인을 동원하여 잡아야 한다고 건의했다.

병조의 제안은 국왕의 승인을 받았으며 곧 착호인이 설치되었다. 그 선발권은 문신인 고을 수령이 아닌 무신인 병사에게 주어졌으며, 수령은 원칙적으로 문신이 임명되었다. 이러한 절차와 내용이 담긴 조항은 『경국대전』에 그대로 삽입되어 법령화됐다.

이렇게 법령화된 착호사업은 위민제해 중 가장 중요한 사항으로, 제때 대처 못해 인명사고가 나면 수령이 그 징계 대상이 되었다. 그러니 책임이 막중했던 수령들이 긴급상황에 대비해 실력있는 착호인을 선발해야 하는 것은 너무도 뻔한 이치였다. 게다가 1년에 10마리 이상 잡은 수령들은 진급이라는 포상까지 받았다. 당연히 실력 좋은 착호인이 필요했을 것이고, 그 1순위는 사냥을 예사로 여긴 타고난 사냥꾼 백정이 될 수밖에 없다. 호랑이 사냥은 위험 부담이 클 뿐만이 아니라 훈련을 받는다고 쉽게 할 수 있는 일이 아니기 때문이다.

착호인은 군인이 될 수 있는 양인만이 아니라 역리, 공사천公私賤 중에서 자원하는 자들을 대상으로 선발했다. 물론 백정

●●

……일찍이 내린 교지에 따라 그 창과 화살을 나누어 주고 잡기를 먼저 하고 뒤에 함과, 잡은 마릿수와 많고 적음을 (각도의 병사가) 보고하거든, 본조병조에서는 그에 따라 곧 빨리 보고하여, 그 포획捕獲이 많은 자를 결원이 있을 때에 보궐 임명하도록 한다.

(「세종실록」, 세종 11년 2월 2일)

은 법적으로 양인이었으니 자원하지 않아도 병사가 선발하면 그만이었다. 최윤덕은 말할 필요도 없이 백정을 선발했겠지만, 병사들 역시 타고난 사냥꾼인 백정을 선호했음은 당연하다.

앞에서 살펴본 바와 같이 착호갑사의 경우는 호랑이를 잡은 경력이 있는 자들을 위주로 직접 선발했다. 이들 착호갑사 후보자는 각도 병사들의 추천을 받았다. 결론적으로 말해 수령들은 공식적 업무 수행 중이든 사사로운 사냥 중이든 백정의 뛰어난 사냥솜씨를 몸소 체험하고 있었기 때문에 착호인을 충원할 때 그들을 우선적으로 병사에게 추천해서 선발했을 것이다. 그리고 병사들은 휘하 수령과, 착호인을 비롯한 군사들을 지휘하여 강무를 주관했다. 이런 강무행위를 통해 포획 능력이 뛰어난 자들을 눈여겨 봐두었다가 병조에 추천한 것이다.

대표적인 사례로 호랑이 40마리를 잡아 이름을 떨치고 겸사복이 된 백정 출신 한복련을 들 수 있다. 국왕이 그의 존재를 어찌 알 수 있겠는가? 서흥의 수령이나 황해도 병사가 추천했음이 분명하다. "호랑이가 청량리에서 사람을 해쳤으므로, 신종군新宗君 이효백李孝伯에게 명하여 착호갑사 및 겸사복 등을 거느리고 양주·광주 등지에 가서 포획하게 하였다"는 기록에서 볼 수 있듯 착호갑사나 겸사복 모두 호랑이를 사냥하는 일을 수행했다.

그런데 한복련이 착호갑사가 아닌 겸사복으로 선발되었다. 궁궐의 국왕이 한복련이라는 일개 호랑이 사냥꾼을 알고 있을 리는 없었을 것이고, 그의 출중한 사냥실력을 누구보다도 더 잘 알고 있는 사람의 추천이 있었음을 추측할 수 있다. 그리하여, 실력을 인정받은 한복련은 착호갑사보다 최정예군으로 구성된 겸사복에 발탁될 수 있었던 것이다.

농민
되기를
강요당한
백정

정착생활자만 왕국의 신민

백정은 북방 유목민의 후예답게 사냥이든 유기 제조이든 목
축이든 직업 특성상 등 유랑생활을 할 수밖에 없었다. 사냥감
및 유기의 재료나 목초지를 찾아 이곳저곳 떠돌아다녀야 한
것이다. 그런데 조선 왕조는 농업 장려를 최우선 국정과제로
삼았으며, 농업을 제외한 상업 등 여타 산업을 말업末業이라며
천시했다.

　이러니 왕국의 위정자들에게 있어 한곳에 정착하지 않고
유랑하던 백정들의 습속習俗을 용납할 수 없는 일이자 멸시의

••
재인才人과 화척禾尺은 이곳저곳으로 떠돌아다니면서 농업을 일삼
지 않으므로 배고픔과 추위를 면하지 못하여 상시 모여서 도적질
하고 소와 말을 도살屠殺하게 되니, 그들이 있는 주州·군郡에서는
그 사람들을 호적에 올려 토지에 안착安着시켜 농사를 짓도록 하
고 이를 어기는 사람은 죄주게 할 것.

(『태조실록』, 태조 1년 9월 24일)

대상으로 떠올랐다. 그들이 생계수단으로 사냥하든 장사하든 한곳에 정착해야 언젠가는 농사를 지을 가능성이 있게 되는 것이다. 비록 처음에는 부업일지라도 정착해서 생활해야만 농사기술을 배울 수 있는 여건이 마련되고 그렇게 되면 차츰 농경생활에 익숙해질 수 있다.

그럼에도 백정들은 늘 떠돌아다녔다. 조상 대대로의 유랑 기질을 그들은 떨칠 수 없었을지 모른다. 그런 연고로 백정에 속한 그룹의 사람들은 정착보다는 자신이 줄곧 살아왔던 방식대로 유랑을 멈추기 어려웠고, 조선의 정부가 추진하는 농업 우선의 정착생활에 적응할 수 없었던 듯하다.

이런 점에 있어 위정자들에게 백정은 눈엣가시였을 것이다. 오직 농업만이 천직天職이라 신봉했던 왕조의 위정자들은 왕조 개창과 동시에 백정들의 유랑생활을 근절시키기 위한 방법으로 정착생활과 함께 농사를 짓도록 강요했다. 1392년태조1 최고의 권력기구인 도평의사사都評議使司가 나섰다.

왕조가 이끄는 질서라는 것이 별게 아니다. 인구의 대부분을 한 군데에 정착토록 해서 이들이 다른 마음을 내지 않고 국정의 토대인 양곡을 충분히 생산해 기존의 체제를 안정적으로 끌고 가는 데 도움이 되도록 해야 한다. 그런 '질서'의 외곽을 떠돌며 왕조 체제의 불안정성을 더하는 사람들은 경

••
임금이 말하기를 "이것은 모두 이미 만들어 놓은 법령이 있으나, 다만 거행하지 못하였을 뿐이니, 도평의사사로 하여금 각도各道에 이첩移牒, 받은 공문을 다른 부서로 다시 보내어 알림하게 하라"고 했다.

(『태조실록』, 태조 4년 12월 25일)

계하고 다스려야 한다. 그것이 바로 왕조가 내세우는 질서였다. 그런 점에서 백정은 늘 외부인, 경계를 떠도는 부랑의 행위자였다.

도평의사사는 태조에게 왕조의 국정과제로서 22개 조항을 시행하자고 건의했는데, 그중 하나가 백정을 호적에 올리고 토지에 안착시켜 농사를 짓도록 하고, 만일 도축을 하거나, 농사를 짓지 않고 유랑할 경우에는 범죄행위로 간주하여 처벌하자는 것이다.

학계에서는 흔히 이를 '제민화齊民化정책'이라 부른다. 2장 '백정의 탄생'에서 조금 설명한 부분이다. 왕조는 어쨌든 이들에 대한 '포용정책'을 편다. '제민'이라는 이름으로 그 정책은 실록 등에 등장한다. 백정을 평민과 같은 권리와 의무를 가진 집단으로 만들려는 정책인 것이다. 이 장에서는 그를 좀 더 부연해 보기로 하자.

조정은 제민화정책을 통해 다양한 부류의 공존을 부정하고 왕국의 모든 구성원을 하나의 단일한 집단으로 만들겠다고 나선 것과 다름없다. 도평의사사가 제안한 내용은 국왕의 승인을 받았다. 이와 관련된 법령은 1395년태조 4 12월 이전에 이미 제정되었음이 분명하다.

하지만 이 법령은 제대로 집행되고 있지 않았다. 이런 이유

●●
『원육전』과 『속육전』에, "화척과 재인들이 농업에 종사하지 아니
하고 서로 모여서 도적질만 하니, 이제부터 그들이 거주하고 있는
주·군에서 그 인구를 등록하여, 이리저리 떠돌아다니지 못하게
하고, 평민들과 혼인하도록 하라"고 했다.

(「세종실록」, 세종 4년 7월 15일)

로 태조 이성계가 "재인과 화척의 유랑을 금하고 호적을 만들어 토지를 주자"는 익주益州, 지금의 익산시 수령 민유의閔由義의 요청에 따라, 이처럼 다시 한 번 도평의사사에게 법령을 각도에 이첩하게 해서 실시하게 한 것이다. 현재 전하지 않아 법령의 내용은 자세히 알 수 없지만, 화척과 재인들을 그들이 거주하고 있는 주·군에서 그 인구로 등록하게 하여 정착시키고 평민들과 혼인하도록 지시한 『원육전』과 『속육전』의 기록이 『세종실록』에 남아 있다.

●● 　왕조는 이처럼 법령까지 제정하여 백정을 균등한 권리와 의무를 갖은 '제민齊民'으로 만들기 위해 지속적으로 노력했다. 이러한 법전이 전해지지 않고 있어 유감이지만, 『조선왕조실록』 곳곳에 인용되어 있다. 1388년우왕14부터 1397년태조6까지의 법령과 장차 시행할 법령을 수집해 분류, 편집한 『원육전』은 1397년 12월 26일 공포되어 시행에 들어갔다. 『원육전』이 시행한 뒤에도 새로운 법령이 쌓이자 이를 모아 편찬한 『속육전』은 1413년태종13 2월 반포되었다. 『속육전』은 세종 때에 와서 두 차례나 보완해서 공포되었다. 태조 이후에도 법령에 따라 백정을 제민으로 만들려는 조치가 계속해서 시도되곤 했다.

　1407년태종7에 영의정領議政 성석린成石璘이 "화척, 재인 등이 도살로써 생업을 삼는 자는 마땅히 소재처所在處로 하여금 모

●●
이제 재인과 화척들이 이리저리 떠돌아다니고 있으니, 모두 쓸어 모아 본 지방으로 돌려보내고, 정신 차려 고찰하지 아니한 수령을 보고하여 논죄論罪하십시오.

(『세종실록』, 세종 4년 7월 15일)

아들여 구제하게 하되, 전지田地를 주어 경작하게 하여 이산離散하지 않게 하십시오"라고 건의하였다.[12]

이어 1409년태종 9에는 "영락永樂 7년태종 9에 (백정을) 평민과 섞여 살게 하여 저희끼리 서로 혼인하는 것을 금하여 일찍이 교시教示를 내리시었는데, 지금까지 폐하여 행하지 않습니다"는 기록[13]이 알려주고 있는 것처럼, 백정을 평민과 섞여 살게 하면서 자기들끼리 결혼하는 것조차 금지했다. 백정과 여타 부류를 혼인시켜 혈통적으로 일반 백성에 동화시키기 위한 조치였다.

이렇게 혼인 금지령까지 내리면서 백정들을 토지에 정착시켜 농업에 종사하게 하는 조치들이 거듭되었지만 그다지 성공하지 못한 것이 분명하다. 이런 정책들이 연이어 시도되었다는 사실 그 자체가 그만큼 실효를 거두지 못한 실정을 반영한 것이다. 그것도 법령까지 제정하여 처벌하면서 엄하게 추진했지만 말이다.

•• 위정자들은 제민정책의 거듭된 실패를 관리들의 직무 태만에서 찾았다. 결국 세종은 제대로 법령을 집행하지 못한 수령을 처벌하자는 병조兵曹의 건의를 승인했다. 하지만 국왕이

----

12 『태조실록』, 태조 7년 1월 19일.
13 『태종실록』, 태종 9년 10월 17일.

••

각도로 하여금 군적軍籍에 오르지 않은 재인과 화척을 샅샅이 찾아내어 군적에 등록시키고, 평민들과 섞여 살아서 농업을 익히게 하고, 3년마다 한 번씩 출생된 자손子孫들을 찾아내어 호적戶籍에 올리어 다른 곳으로 가지 못하게 하고, 만약 출입出入할 일이 있거든 날짜를 한정하여 행장行狀을 주게 하십시오.

(『세종실록』, 세종 4년 11월 24일)

•••

병조에서 아뢰기를, "재인과 화척은 본시 양인으로서, 직업이 천하고 칭호가 특수하여, 백성들이 다 다른 종류異類의 사람으로 보고 그들과 혼인하기를 부끄러워하니, 진실로 불쌍하고 민망합니다. 비옵건대, 칭호를 백정이라고 고쳐서 평민과 서로 혼인하고 섞여서 살게 하며, 그 호구를 적籍에 올리고, 경작하지 않는 밭과 묵은 땅을 많이 점령한 사람의 전토田土를 나누어 주어서 농사를 본업으로 하게 하고, 사냥하는 부역과 유기柳器와 피물皮物과 말갈기와 말총, 힘줄筋과 뿔 등의 공물을 면제하여 그 생활을 편안하게 하십시오. 그 가계가 풍족하고 무재武才가 있는 자는 시위패侍衛牌, 번상병(番上兵)로 삼고, 그 다음은 수성군守城軍, 지방군을 삼으며, 그 가운데에도 무재가 뛰어난 자는 도절제사都節制使, 병사로 하여금 재능을 시험하여 본조本曹, 병조에 통보하여 다시 시험케 한 후 갑사직甲士職에 등용하십시오. 만약 그대로 옛 직업을 가지고서 농상農桑에 종사하지 않고 이리저리 유랑하는 자는 법률에 의하여 죄를 논단하고, 인하여 호적을 상고하여 즉시 본거지로 돌아가게 하며, 그 가운데 사가私家의 노비로 있는 자는 본주本主의 의견을 들어 처리하도록 하십시오"하니, 그대로 따랐다.

(『세종실록』, 세종 5년 10월 8일)

위정자들의 건의를 받는 일은 계속 반복되었다.

•• 　같은 해 세종은 병조의 새로운 건의를 받아들여 강력한 후속 조치를 내렸다. 호적에 오르지 않은 백정을 찾아내어 등록케 한 것은 물론, 3년마다 한 번씩 그 자손들을 호적에 등재토록 하였다. 또한 이동의 자유마저 통제하였는데 부득이한 경우에만 여행증명서인 행장을 발급하여 허가했다.

　이렇게 왕조는 개창 직후부터 법령을 제정하는 등 백정을 제민으로 만들려는 정책을 꾸준히 추진해 왔다. 다양한 부류의 공존을 부정한 채 왕국의 모든 구성원을 하나의 균일한 집단으로 재구성하려는 시도임이 명백했다. 그러나 왕조의 이런 노력에도 불구하고, 일련의 시책은 별다른 성과를 내지 못했다. 심지어 여행마저 통제하고 법을 어긴 백정은 물론이고 그 업무를 소홀히 하는 수령까지 처벌하겠다는 국왕의 지엄한 지시에도 불구하고 말이다.

　성과가 별로 없자 세종은 백정의 제민화정책을 이전보다 더욱 적극적으로 추진하고자 했다. 1423년세종 5 병조의 건의가 있었는데 재인 및 화척의 호칭을 백정으로 고쳐 부르자는 내용이었다.

••• 　왕조의 위정자들은 재인과 화척이 본래 양인이지만 하는 일이 천하고 호칭이 달라 백성들로부터 이류로 취급당한다고 판

●●

병조에서 보고하기를, "지방에 산재한 신백정新白丁은, 각도 경차
관敬差官으로 하여금 그 도의 감사와 함께 부처夫妻와 자식을 자
세히 조사해, 본래 농업에 종사하여 생계에 충실한 자는 세 장정
으로 한 호戶를 만들고, 처음으로 농업에 종사하여 생계가 충실
하지 못한 자는 다섯 장정으로 한 가구를 만드는데, 일률적으로
일찍이 내린 교지에 의해 그들의 재품才品에 따라 별패 시위別牌侍
衛·수성守城 등의 군인으로 충정充定하고, 정역正役과 봉족奉足을
나누어 이름을 기록하여 보고하되, 그 정丁의 수는 늙고 약한 자
는 제외하고 모두 정장丁壯, 壯丁으로만 하십시오"라 하니, 그대로
따랐다.

(『세종실록』, 세종 6년 10월 10일)

●●●

신백정은 식구를 계산해 토지를 주고, 향리에 호적을 기록해두며,
평민과 섞여 살면서 서로 혼인하게 하였습니다. ……그 입법한 것
이 상세하여 빠짐이 없었사온데, 각 고을 수령들은 깊으신 뜻을
본받지 아니하고, 다 봉행하지 못하였습니다.

(『세종실록』, 세종 21년 2월 16일)

단했다. 그래서 그들이 따돌림당하지 않게 하기 위해 백정으로 바꾸어 부르게 했다. 이어 평민과 섞여 살면서 혼인하게 하고, 일반 백성과 같은 호적에 등재하게 했다. 아울러 토지를 지급해 농사짓게 했으며, 사냥하는 부역과 각종 공물을 면제해 주어 생활안정을 꾀했다. 그 가계가 풍족하고 무재가 있는 자에게는 무직武職을 내리고, 유랑하는 자는 처벌하게 한 것이다.

•• 　이와 같은 교지敎旨, 즉 법령은 병조의 보고를 받아 이전부터 시행해 온 조치들을 보완한 것이지만 이후 백정을 제민으로 만들려는 정책의 근간이 되어 거듭 시도된다. 왕조시대 교지, 즉 국왕의 명령(서)은 법령과 같은 효력을 지닌다. 보통 바로 실행될 정도였다.

　앞서 내린 교지대로 백정의 호구조사를 상세히 조사하여 생계의 정도에 따라 호적에 엮는 편호編戶를 하고, 재주 및 품격에 따라 군역에 충당하게 했다. 별패는 시위패의 상층부를 이루는 기병이다. 그러나 역시, 국왕의 이와 같은 명령에도 불구하고 그 실효는 거두지 못하고 있는 실정이었다.

••• 　국왕의 지엄한 명령에도 불구하고 매번 실패하는 것에 대해, 수령들이 제대로 수행하지 못했기 때문이라고 정책 입안자들은 주장했다. 아울러 그들에게 책임을 물어 처벌할 것을 건의했다.

●●

백정의 습속이 농사를 괴롭게 여기어 말하길 "농사는 본래 하지 않던 일이니, 어찌 쉽게 배울 수 있겠는가"하고, 소 잡는 것이 여전하고 개전改悛함이 있지 아니하니, 국가에도 이익이 없고 생민生民에게 해독이 심하옵니다.

(앞의 책)

●●●

대개 평민들은 "종류가 다른 것異類, 백정을 싫어하여 혼가를 하려고 하지 않고, 수령들도 예삿일로 보아서 전토와 집을 주지 않는다"며, "이 법을 거듭 밝히어 남녀노소를 모조리 호적에 붙이게 하되 저희들끼리 혼가하는 것을 금하고, 평민 및 공사천인公私賤人과 강제로 혼인하게 하며, 어기는 자는 통렬히 법으로 다스리자"고 했다.

(『세종실록』, 세종 30년 4월 9일)

•• 　　이조판서吏曹判書 박신朴信은 다른 관리들과 달리 왕조의 제

민정책이 가진 문제점을 명확하게 꿰뚫고 있었다. 어찌 조상

대대로 이어온 생활방식을 버리고 쉽사리 농사에 지을 수 있

겠는가라는 것이었다. 그는 그간 왕조가 아무리 강압적인 정

책을 취했어도 실패할 수밖에 없었던 이유를 바로 짚어 왕에

게 보고했다.

　　제민은커녕, 오히려 관리들과 인민들은 백정을 신백정이라

부르면서 평민들과 차별하였으며 수령들 역시 여사餘事, 즉 예

삿일로 여겨 제민 관련 법령을 적극적으로 시행하지 않았다.

이래서 국왕의 지엄한 교시가 거듭되었지만 백정의 제민화정책

이 그 성과를 낼 수가 없었던 것이다.

　　문제가 생기면 문제의 근원을 제대로 살펴 옳은 대책을 만

드는 자가 진짜 행정의 달인이다. 명목만을 고쳐 놓고 그에 맞

춰서 대상인들을 몰아넣는다면 문제의 본질에는 다가설 수

없는 법이다. 예나 지금이나 명목만을 세운 뒤 그에 모든 것을

맞추려는 '탁상행정'은 늘 있다. 그에 반기를 든 사람이 박신이

라는 인물이리라. 그는 문제의 본질과 맥을 제대로 짚었다.

••• 　　그럼에도 불구하고 박신의 옳은 대책 건의는 제대로 받아

들여지지 않았던 듯하다. 결국 그런 문제가 계속 불거지자 강

제적인 방법에 관한 모색들이 나오고 말았던 모양이다. 왕조

●●

이제부터는 따로 1호戶도 짓지 못하게 하고, 모두 갑사甲士·시위
侍衛, 진군鎭軍의 봉족奉足을 삼아 일일이 끼어 살게 하고, 이어서
그 다른 군으로 왕래함을 금지하며, 그 홀로 산골짜기에 거처하
면서 혹 자기들끼리 서로 혼인하거나 혹은 도살屠殺을 행하며, 혹

초기부터 반복되어 온 제민정책이 매번 별다른 성과 없이 실패로 돌아가자, 결국 따르지 않는 자들을 법으로 엄히 다스리자는 주장이 다시 제기됐던 것이다. 백정끼리의 혼인을 금지하는 한편, 평민 및 천민과의 결혼만 허용하자는 이 의견은 1451년 문종1에 "그 법을 더욱 밝혀서 (백정을) 평민과 혼인하게 해야 합니다"는 하위지河緯地의 건의로 국왕의 승인까지 받았다.[14]

공존의 부정

이러한들 백정들이 조상 대대로 내려온 그들의 고유한 생활방식을 하루아침에 버리고 새로운 생활방식인 농업에 종사할 수 있었을까? 그들을 향한 관리와 인민들의 뿌리 깊은 편견과 차별의식이 쉽사리 해소될 수 있을까? 그렇지 않다면 현존하는 여러 부류를 하나의 집단으로 재구성하려는 왕조의 정책은 실패가 불 보듯 뻔한 일이었다. 그럼에도 위정자들은 백정을 제민으로 만들려는 정책을 끈질기게 추진했다.

그중 가령 집현전 직제학集賢殿直提學 양성지梁誠之의 상소가 단적인 사례일 것이다. 양성지는 백정을 따로 편호호적을 만들어

<hr>

14 『문종실록』, 문종 1년 6월 16일.

도적질을 행하고 혹은 악기樂器를 타며 구걸하는 자를 경외京外에서 엄히 금하십시오. 그것을 범한 자는 아울러 호주를 죄 주고 또 3대三代를 범금犯禁하지 않는 자는 다시 백정이라 칭하지 말고, 한 가지로 편호編戶하게 하면, 저들도 또한 스스로 이 농상農桑의 즐거움을 알게 되어 도적이 점점 그칠 것입니다.

(『세조실록』, 세조 2년 3월 28일)

●●

지금의 도적질을 하는 자는 모두 호한豪悍한 무리를 거느려, 그 사이에 재인과 백정은 10에 8, 9가 되니, 비록 평민과 섞이어 살더라도 오히려 교화가 따르지 못했다.

(『세조실록』, 세조 14년 4월 2일)

편입시키는하게 되면 독자적인 가정생활을 할 수 있게 되어 통제를 제대로 할 수 없으니, 아예 평민들의 봉족으로 삼아 끼고 살게 하고 다른 고을로 왕래하는 것마저 금지해야 한다고 주장했다. 또한 백정끼리의 혼인과 마소의 도살 등 그들의 생업 또한 금지시키자고 하였다. 만약 이를 어길 시에는 당사자는 물론 호주까지 처벌하고, 3대 동안 어기지 않을 시 백정 호칭을 없애 따로 편호하여 주고 독립적인 가계를 영위할 수 있도록 보상을 주자고 제안했다. 봉족은 조선 초에 정정正丁이 정역, 곧 국역國役을 담당하는 동안 그 역을 직접 지지 않는 대신에, 재물이나 노동력으로 정정의 비용을 지원하거나, 정정호戶의 가계를 보조하는 가구의 장정이다. 흔히 조정助正이라 칭하는데, 정정 1인에 조정 2인이 배당된다.

양성지는 1456년세조 2에 이 같은 제안을 하며 자신의 주장을 확신했다. 그는 자신이 제시한 대책으로 백정의 범죄행위는 점점 그칠 것이라고 설득했다. 양성지의 이런 주장을 담은 방안은 결국 국왕의 승인을 받아 시행되었다. 그러나 그가 세운 대책은 한마디로 실패했다.

•• 세조 재위 2년에 시행된 양성지의 정책은 12년이 지난 1468년세조 14까지 성과는커녕 부작용만 커져갔다. 급기야 세조는 탄식하기에 이르렀고, 백정의 범죄율만 늘어났다며 그간 조정의

●●

세종도 그 후일의 폐단을 염려해서 재인과 백정으로 하여금 평민
과 섞여 살면서 서로 혼인하게 하도록 정령政令에 정하여 놓았는
데, 이 무리는 습성習性이 보통 사람과 달라 자기들끼리만 혼인하
여 별도로 한 종족種族이 되었고, 수령도 게을리하여 금지하지 않
아서, 지금은 그 종류가 번성합니다.

(『성종실록』, 성종 3년 10월 8일)

●●●

호조에서 아뢰기를 "……(백정이) 안업安業하는 상황을 엄하게
고찰하여 세초歲抄마다 보고하게 하여, 만일 삼가 봉행奉行하지
아니하는 관리가 있거든 사전赦前, 사면령을 내리기 이전을 가리지 말
고 파면하십시오"하니, 그대로 따랐다.

(『성종실록』, 성종 4년 4월 12일)

정책이 실패했음을 자인하게 된 것이다. 이것은 이미 예견된 실패였다. 정책 입안자들 또한 예측하고 있었기 때문이다.

•• 　아무리 강경한 정책을 시행하고 위법할 시 지엄한 국법으로 다스린다 할지언정 오랜 세월 몸에 밴 생활방식을 하루아침에 바꿀 수 있겠는가. 왕조의 최고위층인 원상院相 신숙주申叔舟 · 윤자운尹子雲은 이런 현실적 문제를 너무도 잘 알고 있었다. 또한 고을 수령들의 업무태만 또한 문제이지만, 그보다는 백정들의 조상 대대로 내려온 습속習俗 탓이 더욱 컸다. 그래서 신숙주 · 윤자운은 백정의 제민화정책이 제대로 실행된다 해도 수 세대世代가 지난 후에야 모두 양민良民이 될 것이라며, 실질적인 성과를 먼 미래로 예견했다.

••• 　위정자들은 제민정책이 계속 실패하자 수령 파면이라는 초강수를 두면서까지 제민화사업의 집행을 독려했다. 세초는 매년 6월과 12월에 이조와 병조에서 죄가 있는 벼슬아치를 적어 임금에게 보고하던 일이다. 왕조의 정책 입안자들은 교화는커녕 부작용만 양산하는 현실을 외면한 채 개국 이래의 정책 기조를 마냥 유지할 수는 없었을 것이다. 그랬기에 초강수를 두려 했으리라. 그러나 위정자들에게는 범죄일지 몰라도 백정들의 입장에서 보면 부당한 공권력 행사에 맞서 생존권을 지키려는 온당한 저항일 뿐이었다.

●●

전교하기를, "인근 고을의 왕래에 모두 행장을 발급받게 한다면
자유를 얻지 못하여 마침내 생업을 즐길 도리가 없다. 3일 걸리는
곳을 15일 이상 왕래하는 이에게 행장을 발급하고, 그 나머지는
이정里正에게 고하여 출입을 허락하게 하되, 어긴 자는 법대로 논
단하라"고 했다.

(『성종실록』, 성종 4년 8월 12일)

그에 따라 백정, 특히 조정의 거듭된 방침에도 제 습속을 유지하면서 제 생활방식을 고집하는 사람들을 대하는 방식에도 변화가 생겼다. 현실을 현실로 받아들이면서 문제의 여지를 가능한 한 줄이자는 쪽이었다. 백정의 존재를 인식하는 경로가 '제민화를 통한 동일체 집단으로의 변화 대상'에서 '그래도 수용이 되지 않는 문제의 집단'으로 굳어지더니 이제는 '그렇다면 적당한 통제만 남겨두고 문제의 소지는 줄여야 하는 사람들'이라는 식으로 바뀌고 있었던 셈이다.

허락을 받고 여행하라

●● 법 집행을 맡은 형조는 국왕에게 새로운 정책을 제안했다. 이를 받아들인 국왕은 자비로운 은전이라도 내리는 것처럼 "절차를 간소화해서 인접 고을의 왕래를 보장"하는 유화책을 내놓았다. 이정은 지방행정조직의 최말단인 리里의 책임자이다.

비록 3일 이상 걸리는 장거리 여행의 경우에는 관아에서 여행증을 발급받아야만 허락했지만, 인접 고을에 가는 단거리 여행 때에는 이정에게 알리면 왕래가 가능하게 하는 것으로 이전의 강경책에 비한다면 훨씬 순화된 조치였다. 이 조치가 베풀어진 해가 1473년성종 4이니 백정의 제민화정책이 시행된

●●

부모·처자가 다른 고을에 있어 장례葬禮와 간병看病으로 부득이 출입하여야 하므로 행장을 발급하고자 할 경우, 비록 관官에 신고하여도 수령이 이로 말미암아 도망을 하면 그 죄가 자기에게 미칠까 두려워하여 곧 행장을 발급하지 아니하기도 하고, 혹 수령이 관아에 있지 않을 경우에는 기한에 맞추어 행장을 발급받지 못합니다. 그리고서 부득이 출입하게 되면, 가까운 이정과 가까운 이웃은 불고지죄不告之罪를 겁내어 곧 체포하여 관에 고하는데, 수령 역시 자세히 조사하지 않고 으레 사민徙民 중 도망자로 다스려 중형重刑을 가하기 때문에, 비록 가까이 있는 고을이라도 마음대로 왕래할 수 없으니, 참으로 가련합니다.

(『성종실록』, 성종 4년 8월 21일)

210

지 무려 80년이 지난 후였다. 그동안 줄곧 강화되기만 한 대책들과 비교한다면 진일보한 개선책인 것은 분명하다. 그것이 범죄이든 저항이든 희생의 대가를 치렀지만 말이다. 따지고 보면 행장제도는 그간 백정의 범죄율을 높이는 주된 요인이었다.

•• 　이러한 행장제도의 불합리성을 들어 형조가 백정의 입장을 대변하였다. 왕조 초기에 평안도 및 함경도의 개척과 방어를 위해 삼남지방 거주자들을 대거 이주시키는 정책으로 '사민'이 있었는데 도망칠 경우에는 처형될 수도 있었다. 만약 백정이 행장 없이 여행할 경우 사민 중 도망자에 준하는 처벌을 받았으며, 그들의 범죄율 또한 증가할 수밖에 없었다. 더구나 수령 자신이 책임을 회피하려고 발급하지 않았든, 공석 중이어서 부득이 허가받지 못했든 행장 없이 여행하면 그 죗값도 치러야 했다 . 상황이 이러하니 가까운 고을에 있는 부모나 처자에게 장례나 간병으로 부득이 출입할 경우에도 왕래가 쉽지 않았다. 형조는 이러한 사정을 왕조에 보고했다.

　사실 행장제도는 유랑하던 백정들의 이동을 억제해 가능한 한 농지에 얽매 농사짓게 하기 위해 도입되었지만, 실효는커녕 범죄자만 양산했다. 그 책임이 누구에게 있건 범죄율이 늘어나면 거센 비난의 화살을 받아야 했다. 주무부서인 형조로서는 개선 대책을 마련할 수밖에 없었으며, 결국 국왕의 승인

••

앞서 수교受敎, 임금이 내리는 명령하기를, "재인과 백정 중 도망자로
서 체포된 자는 사민 중 도망자의 사례에 의거하여 참형斬刑에 처
하고, 부득이 출입出入할 자는 날짜를 제한하여 행장을 발급하
며, 행장이 없이 횡행한 자로서 기한이 지났는데도 돌아오지 않는
자는 모두 제서유위율制書有違律로 논단하라" 했다.

(『성종실록』, 성종 4년 8월 12일)

•••

병조에서 전라도 관찰사全羅道觀察使의 계본啓本, 신하가 글로 임금에
게 아뢰던 일에 의거하여 아뢰기를, "재인·백정들은 농사와 양잠을
일삼지 않고 사냥과 장사를 직업으로 하여 사방으로 떠돌아다니
면서 그 호구책을 얻고 있습니다. 그런데 이들을 하루아침에 모
두 군대卒伍에 예속시키고 부역賦役을 편호編戶와 같게 한다면, 그
고통을 이기지 못하고 모여서 도적이 됨으로써 오히려 양민良民을
해치게 되지 않을까 우려됩니다. 청컨대 살림이 조금 넉넉하여 군
오軍伍, 군대의 대오(隊伍)에 편입되고자 하는 자는 이를 허락해 주
고, 산업産業이 없는 자는 부역賦役을 정하지 말고 한전閑田을 지
급하여 농상農桑을 권장하여 수십 년을 기다려서 부실富實하게
된 다음에 부역을 정하도록 하십시오. 또 앞으로는 재인·백정이라
부르지 말게 하고, 일반 백성과 섞여 살면서 서로 혼인하게 하고,
관찰사로 하여금 그들에게 지급한 전토田土의 수를 기록하여 아
뢰게 하십시오"하니, 임금이 그대로 따랐다.

(『성종실록』, 성종 6년 4월 12일)

을 받아 행장제도 개선책이 시행되었다.

••   물론 행장 없이 왕래한 백정은 국왕의 명령에 따라 심한 경우는 비록 사형에 처해지기도 했다. 그러나 가벼운 경우에는 '제서유위율'로 처벌받았다. 제서유위율은 임금의 명령(서)을 위반하는 자를 다스리는 율로서 그 형벌은 장杖 100대이었다. 그리고 2년 뒤에 다시 한 번 유화책을 공포한다. 이번에는 군사를 맡은 병조가 나섰다.

•••   1475년성종 6 4월 12일, 병조는 백정의 자원을 받아 '군오 편입'을 허가하자고 했다. 졸오는 병졸들의 대오를 말한다. 옛날 10명이 한 조로 '졸'을 이루고 5명이 한 조로 '오'를 이룬 것에서 유래한 것으로, 군대를 뜻한다. 부역 역시 가계가 넉넉해지면 부담시키자는 것이다. 병조의 이와 같은 제안 역시 형조의 의견처럼 늘어만 가는 범죄를 예방하자는 차원에서 나온 것이다.

    비록 유화책을 일부 사용하기도 했지만 백정을 제민으로 만들려는 정책은 일관되게 추진되었다. 그들의 유랑생활을 근절시켜 토지에 안착시키고 천직인 농업에 종사하게 하려는 위정자들의 '고귀한 신념' 하에서 이루어진 것이다. 하지만 백정의 엄청난 희생에도 불구하고 교화는 정책 입안자들의 의도대로 이루어지지 않았다.

    이 모든 정황과 기록들을 통해 보았을 때, 조선 왕조는 개국과 동시에 백정을 제민으로 만들려는 정책을 지속적으로 시행함으로써 그들의 오랜 생활방식을 전면 부정해 버렸다. 말이 좋아 제민이지 위정자 입장에서는 왕국 구성원의 다양성을 일절 부정하고 하나의 부류로 획일화하면 통치 내지 관리하기가 얼마나 편했겠는가? 이러니 백정은 자신의 생활방식을 선택해야 하는 기로에 서게 되었다. 즉 전래의 생활방식을 유지하기 위해 범법자가 되든지, 아니면 위정자들의 의도대로 농민이 되어 합법적인 생활을 유지하든지 양자 간에 하나를 선택해야 했다. 그것도 자의가 아닌 국가 권력에 의해 강요된 것이다.

백정의
저항

범죄로 내몰린 백정

1392년태조1 7월 17일, 이성계가 백관의 추대를 받아 왕위에 등극함으로써 조선 왕조는 공식적으로 출범한다. 개국한 지 두 달이 채 되지 않던 같은 해 9월 24일, 태조 이성계는 최고의 권력기구인 도평의사사都評議使司의 건의를 받아 국정 시책인 22조목을 승인했다. 이들 조목은 앞으로 왕조의 통치지표에 해당하는 것이다.

바로 앞장에서 살펴본 대로 22조목 가운데 하나가 바로 백정을 제민齊民으로 만들려는 조목이다. 이른바 백정의 제민

••

마소馬牛를 도살盜殺하는 자는 오로지 이 신백정입니다.

(『세종실록』, 세종 7년 2월 4일)

•••

옛날에는 가죽신 신는 자가 드물더니, 요사이 사람들이 다 가죽
신을 신기 때문에 가죽 값이 사뭇 치솟아 올라가매, 마소를 도둑
질하는 자가 더욱 많아졌다.

(『세종실록』, 세종 26년 10월 9일)

화정책은 곧바로 법령화된다. 이 법령은 유랑과 함께 도축마저 불법행위로 규정했다. 유랑생활을 하던 백정들은 유랑 금지만으로도 치명적인 타격을 입지만, 도축행위 금지도 그들의 생활기반을 파괴한 것이다. 도축은 백정의 주요 직업이기 때문이다.

●● 따라서 백정들은 유랑하면서 도축 등으로 생계를 유지해 왔던 자신들만의 고유한 생활방식을 버리지 못했다. 이러니 그들은 범법자가 될 수밖에 없었다. 왕조의 입장에서는 도축은 범죄이지만, 백정에게는 직업을 바꾸지 않는 한 생계를 유지하기 위해서는 선택의 여지조차 없는 불가피한 직업인 것이다. 백정의 입장에서 보면 도축행위는 생존권을 지키기 위해 공권력의 부당한 행사에 맞선 저항인 것이다. 그래서 백정들은 처벌을 감내한 채 조상들이 해왔던 대로 도축을 일삼았다.

실정이 이러했으니, 태조 이후에도 왕조는 도축 금지령을 거듭해서 내렸다. 그것이 법이든 교시이든 왕조의 거듭된 금지조치에도 백정의 도축행위는 그치지 않았으며, 근절되기는커녕 되레 늘어났다. 가죽 수요가 증가함에 따라 불법인 도축사업은 시간이 갈수록 성장하고 있었기 때문이다.

●●● 소고기는 물론이고 가죽신의 수요가 늘어남으로써 원재료인 소가죽도 더욱 많이 필요하게 되었다. 수요가 있으니 공

급이 있는 것이다. 수요공급의 원칙에 따라 구매하는 사람이 없으면 자연히 판매하는 자도 없어질 것이다. 소가죽 수요가 폭증하니 그만큼 도축사업은 호황을 누리게 된 것이다. 따라서 공급 주체인 백정의 범죄도 필연적으로 증가할 수밖에 없다. 시장상황이 도축행위를 부채질한 것이다. 결국 도축행위 자체가 불법이었으니 도축으로 살아가는 백정이 범죄자로 내몰리는 것은 어쩔 수 없었으며, 시장이 커짐에 따라 범죄자도 증가할 수밖에 없는 악순환이었다.

수요가 있으면 소 사육을 장려해서 필요한 만큼 공급하면 된다. 사육된 소가 늘어나면 굳이 '우牛금령'을 내릴 필요가 없게 되니 범죄도 줄게 된다. 위정자들이 입만 열면 떠들어대던 교화도 저절로 이루어진다. 도축 관련 산업도 크게 성장할 수 있으니 신민臣民의 생활여건도 한층 나아질 수 있다. 가령 고기 공급이 늘어나 식생활을 개선시킬 수 있다. 또 가죽 공급량이 증가하면 싼 가격에 반영구적인 가죽신을 실을 수 있어 며칠 만에 짚신을 교체해서 신어야 하는 불편을 줄일 수 있게 된다. 이러면 저들이 그토록 외친 민본주의도 실현된다.

오직 농상農桑만이 천직天職이라 여긴 위정자들은 소 사육을 장려해서 이런 식의 해법을 모색할 생각은 안중에도 없었다. 다만 "상인常人들의 가죽신과 긴요하지 않은 피물은 마땅히 금해야 합니다"는 우의정右議政 맹사성孟思誠의 견해[15]가 대표하고 있는 것처럼, 정책 입안자들은 잔꾀를 부려 평민의 가죽신 금지령 등 온갖 금지령만 양산하려 했다. 이러니 범죄를 줄이지도 못했고 민생도 개선하지 못했다. 그래서 민본주의는 커녕 교화가 이루질 리가 만무했다.

결국 잔꾀를 부린 정책 입안자들의 기대와 달리, 도축 금지령은 성과를 내지 못했다. 오히려 가죽 수요가 폭증함에 따라 도축업은 성장하고 있었으니, 필연적으로 백정의 도축행위는 기승을 부리고 있었다. 그러니 맹사성과 같은 자는 평민의 가죽신 금지령까지 제기할 정도였다. 여기에는 물론 자기와 같은 양반만이 가죽신을 신어야 한다는 특권의식이 내포되어 있다.

도축업이 호황을 누리자, 지배층마저도 불법사업에 뛰어들었다. 이 역시 백정의 범죄율을 증가시킨 요인으로 작용했다. 국사를 논할 때는 공맹孔孟의 교화를 읊조리던 자들이 범죄사업인 도축업을 하는 데 백정을 고용하거나 강제로 동원했기 때문이다.

....

[15] 『세종실록』, 세종 12년 4월 6일.

••

요즈음 소를 잡은 자를 체포하였는데, 사대부 집안의 행랑行廊에
서 많이 나왔습니다. 사대부 집은 내사內使, 궁궐에서 파견한 사신가
아니면 수색하기가 매우 어려우니, 청컨대 이제부터는 비록 사대
부의 집안일지라도 의심스러운 곳이 있으면 수색하게 하십시오.

(『성종실록』, 성종 15년 11월 20일)

•••

차라리 많은 소를 잃을지언정 사대부를 대우하는 예禮는 잃을 수
없으니, 수색해 잡는 일은 결단코 시행할 수 없다.

(앞의 책)

••••

전라좌도 수사全羅左道水使 유용柳埇은 …… 순천의 재인·백정 2백
여 명을 마음대로 부리었다.

(『중종실록』, 중종 19년 12월 8일)

함안咸安에 이계현李季賢이란 자가 있는데, 집에 재인과 백정을 30
여 명이나 숨겨두고 남의 마소를 공공연히 끌어가지만 그 주인이
이를 보고도 두려워서 감히 호소하지도 못했다.

(『중종실록』, 중종 9년 12월 19일)

•• 　상황이 점점 악화일로로 치닫자 형조 판서刑曹判書 어세겸魚
世謙 등이 밀도살 혐의가 있는 사대부가에 대한 엄중 수색을
요청했다. 하지만 국왕은 사대부가에 대한 예우를 들어 수색
을 거부했다.

••• 　국왕이 양반가의 수색을 거부한 것으로 보아, 그들에게 있
어 한낱 밀도살사업 정도는 처벌하지 않아도 좋다는 시대정신
이 형성되어 있는 것으로 여겨진다. 밀도살의 주체가 백정이 아
닌 양반의 경우라면 말이다. 백정이라면 심한 경우 사형임에도
불구하고 양반에게는 사소한 범죄에 불과해 수사조차 하지
않는 특권이 부여된 것이다. 돈에 눈이 어두운 사대부들이 도
성 한복판에서 공공연히 불법사업을 자행할 수 있었던 것은
양반이라는 지배계층의 이러한 특권이 있었기 때문이리라. 이
사례에서 조선 왕조는 힘과 돈을 가진 양반들의 나라라는
사실도 아울러 확인할 수 있었다.

•••• 　현직 관료도 예외는 아니었다. 전라 좌수사 유용이 권한
을 남용하여 자기 관할 고을의 백정 2백여 명을 재산 축적에
이용한 것이다. 모범이 되어야 할 벼슬아치들이 이러했으니 지
방의 양반이라고 가만히 앉아 구경만 하고 있었겠는가?

　경상도 함안의 이계현은 백정 30여 명을 고용하여 도축사
업을 크게 벌였다. 심지어 그는 버젓이 남의 마소를 빼앗기까

●●

들건대, 남원南原에서는 품관品官들이 강성하여, (남원) 부내府內의
재인·백정이 본래 2천여 명이었는데 모두 품관에게 부리는 바 되
어 한 품관이 30~40명씩 거느려 자기 집 울안에 살도록 하는데
도, 아전衙前이 독촉하여 내오지도 못하고, 수령이 만약 추심推尋
하면 반드시 중상中傷을 받게 된다고 합니다.

(『중종실록』, 중종 7년 11월 4일)

지 했다. 힘깨나 있는 양반들은 너나 할 것이 없이 백정을 고용해서 돈벌이에 나섰다.

•• 　이러한 실정을 영의정領議政 유순정柳順汀이 목소리를 높여 국왕에게 보고했다. 품관은 관리가 될 자격은 있으나 실직實職이 없고 관품官品만 가진 관인인데, 전라도 남원의 품관들이 죄다 공권력을 무시한 채 백정 30~40명씩 부려서 영리사업을 벌였다는 것이다. 유순정의 보고를 받은 왕이 "품관의 작폐作弊는 유독 남원만이 아니라 하삼도下三道도 반드시 모두 그러할 것이다"라고 지적하였으니,[16] 남원 한 고을이 아니라 전국 양반들의 작폐였음이 분명하다.

　결국 정리해 보자면, 수요의 증가에 따른 가죽 값의 폭등이 도축행위를 부추겼고, 돈에 눈이 먼 현직 관료와 양반들마저 불법사업에 뛰어드는 시대적 상황은 '도축 금지령'이 부추겼다고 보아야 한다. 도축을 금지함으로써 가죽 값이 상승했고 거기에 때마침 번진 가죽신의 유행이 또 한몫을 했다. 눈 한 번 질끈 감고 불법 도축을 하면 한몫 챙길 수 있는 상황에, 백정을 사사로이 부리는 사대부들과 관료들은 사리사욕을 채우기에 바빴다. 그들 스스로는 양반이기에 국왕이 눈

·············
[16] 『중종실록』, 중종 7년 11월 4일.

●●
각도各道의 죄수의 무리 안에는 강도와 살인을 도모한 자가 3백
80여 명이나 되는데, 재인과 신백정이 절반을 차지합니다.

(「문종실록」, 문종 1년 10월 17일)

을 감아주는 처지였지만, 애꿎은 백정은 범죄자로 내몰리게
된 상황이다.

범죄의 온상

왕조의 도축 금지령으로 인해 도축을 생계수단으로 삼고 있
던 백정들은 다른 일을 찾지 않은 한 이처럼 범죄자가 될 수
밖에 없었다. 게다가 도축업의 호황은 불법인 도축행위를 부
채질해서 그들의 범죄를 더욱 조장한 것이다. 상황이 이러했으
니 백정들은 점점 더 범죄의 나락으로 떨어져 갔다.

　도축 금지령이 지속되는 한, 도축업이 호황을 누리는 한 백
정의 범죄는 증가할 수밖에 없었다. 그러나 도축 금지령은 해
제되지 않았으며, 도축행위는 시간이 지날수록 점점 더 성행했
다. 따라서 백정의 범죄율은 세월에 따라 증가 추세에 있었다.
조선 왕조가 개창된 지 60년 만에 전국의 중죄인 가운데 백정
이 차지하는 비율은 무려 절반이나 됐다는 정보가 있다.

●● 　1451년문종1 10월, 형조 참판刑曹參判 안완경安完慶의 보고가
그것이다. 법무 행정을 총괄하는 형조 차관인 안완경의 보고
인 것으로 보아, 각도에서 올라온 범죄 관련 보고서들을 취합
해서 내린 결론일 것이다. 그만큼 정보의 신뢰도가 높다고 볼

●●

신이 일찍이 형조 판서를 지냈으므로, 도적의 정상을 모두 알고 있습니다. 도적이 된 자는 거의가 재인·백정이었습니다.

(『성종실록』, 성종 2년 11월 15일, 강희맹의 보고)

신 등이 생각하건대 강도가 되는 자는 다 재인과 백정입니다.

(『성종실록』, 성종 3년 10월 8일, 원상 신숙주·윤자운의 보고)

●●●

지금 도적이 일어나서 중외中外가 소요騷擾한데 모두 재인·백정의 무리이다.

(『성종실록』, 성종 20년 12월 9일)

강희맹이 아뢰기를, "신이 일찍이 형조 판서를 지냈으므로, 도적의 정상을 잘 알고 있습니다. ……그 무리에서 승정원承政院의 조례皂隷, 서울 각 관아에 소속된 하인되기를 원한 자가 있었는데, 도적을 잡는 일만 있으면 그것을 먼저 스스로 알고, 경성京城에서 군색해지면 외방外方으로 달아나고 외방에서 군색하면 경성으로 들어옵니다"라고 했다.

(『성종실록』, 성종 2년 11월 15일)

●●●●

(백정은) 오직 사냥만을 일삼아서 사람들이 도적으로 지목하고, 이 무리 또한 스스로 두려워하여 한 번 도적을 잡는다는 소리만 들으면 곧 도망하여 숨었다가 굶주림과 추위에 핍박되어 도적이 되는 자가 많습니다.

(『성종실록』, 성종 3년 10월 8일)

수 있다.

•• 　또한 그동안 역대 왕조의 실록 등 사료들에서도 백정의 범
죄율에 대한 보고들이 많이 있었다. 성종 때의 강희맹, 신숙주,
윤자운 등 왕조의 위정자들은 아예 백정 자체를 범법자 집단
으로 지목하게 된다. 이들이 가리킨 범죄자들은 서울에 거주
하는 백정을 말한다. 물론 서울의 거주자만 범죄자로 내몰린
것은 아니었다.

••• 　지방의 백정 역시 범죄자로 내몰리고 지목된 사실은 두 말
할 필요도 없다. 왕조의 어느 시절에 이르러서는 백정 자체가
모두 범죄자로 취급당할 정도로 그 범죄율이 급증한 것이다.
이러니 백정들은 도적을 색출하는 일만 생기면 쫓기는 신세
가 되었다. 강희맹은 이러한 예를 들어 백정이 경성과 외방으
로 왕래하듯 도망 다니는 실상을 보고하기도 하였다. 내용인
즉, 서울에서 도적이 발생하여 수사에 들어가면 도둑으로 몰
릴 것을 염려한 백정들은 지방으로 피난했고, 지방에서 같은
일이 발생하면 다시 경성으로 돌아오곤 했다는 것이다.

•••• 　백정들 역시 관아에서 도적을 수색한다는 소문만 듣고도
곧바로 도망쳐 숨어버릴 현상이 발생했을 정도였으니, 왕조가
그들 자체를 범죄 집단으로 간주한 사실을 인지하고 있었던
것이다.

사실 백정이 범죄의 온상이 된 것은 도축 금지령만 아니라, 그들의 오랜 생활방식인 유랑마저 범죄행위로 간주하여 처벌한 데서 비롯된 측면이 크다. 백정의 유랑을 금지하면 일거리 가운데 하나인 사냥을 제대로 할 수 없게 된다. 고려시대만 해도 500여 고을이 있었다. 물론 조선 왕조가 들어서면서 통폐합이 이루어졌지만, 원칙적으로 한 고을은 1일 생활권으로 설계되었다. 교통수단을 이용해서가 아니라 걸어서 말이다. 그러니 한 고을의 영역이 아주 협소했다. 자기 고을 내에서만 사냥할 수 있으니 제대로 사냥해서 살아갈 수 없었다.

주로 유기를 제조해서 살아가는 부류도 마찬가지였다. 물가에 서식하는 버드나무를 찾아 이 고을 저 고을 옮겨 다니며 살아가는 고리백정의 경우도 생활 유지가 곤란하게 되었다. 그리고 가죽 및 유기 제품도 고을 안에서만 판매해야 하기 때문에 갖바치든 고리백정이든 영업하는 데 방해를 받을 수밖에 없게 된다.

백정들은 이처럼 유기 및 가죽 제조업자이건, 사냥꾼이건, 도축업자이건, 직업을 바꾸지 않는 한 왕조가 쳐놓은 법망의 덫에 빠져들 수밖에 없었다. 그들이 온전한 생존권을 누리기 위해서는 하는 수 없이 국법을 어길 수밖에 없었다. 요즘 말로 하면 생존권 투쟁인 것이다. 물론 위정자들에겐 범법자에 불과했다. 하지만 그 결과는 말할 필요도 없다. 백정, 나아가 그들이 살고 있던 지역은 범죄의 온상이 되는 것이다. 더군다나 도성 추방령으로 고기든 가죽이든 유기든 왕조에서는 제일 기대고 살아야 할 큰 시장마저 빼앗겼으니 말이다.

도성 추방령은 왕조 개창 직후부터 수시로 시행된다. 국왕들은 범죄자로 몰린 백정을 수시로 도성에서 내쫓았다. 백정들로서는 도성 추방령으로 왕국 내에서 자신들의 생업상 수요가 가장 많은 서울에서 영업활동을 하지 못하게 된 것이다. 이러니 그들은 도성 추방령을 어기고 상행위만 해도 범죄자가 되거나, 국왕의 지엄한 명령을 따르면 가죽이든 고기든 유기든 가장 큰 시장을 잃게 되어 살아갈 수 없게 되는 진퇴양난의 벼랑 끝으로 내몰렸다. 결국 생계를 위해 그들만의 생존방식을 유지함으로써 범죄자가 될 수밖에 없었다.

한마디로 왕조의 도축 금지령으로 인해 백정들은 전래의 직업인 도축을 고수할 경우 범죄자가 된다. 실제 백정들은 생존을 위해 도축을 일삼음으로써 범죄자가 되었으며, 이에 따른 정부의 단속도 강화됨에 따라 범죄의 나락으로 떨어졌다. 여기에다 백정들의 오랜 생활방식인 유랑만 해도 처벌받게 됨으로써 그들의 범죄행위는 배가될 수밖에 없었다. 그 결과 백정의 범죄자 수가 점차 급격하게 증가하게 된 것이다. 실상이

●●

이 무리백정는 습성習性이 상인常人과 달라 자기들끼리만 혼인하여
별도로 한 종족種族이 되었고, ……지금은 그 종류가 번성합니다.

(『성종실록』, 성종 3년 10월 8일)

●●●

재인이 한 고을에 사는 수는 평민에 비교하여 혹은 3분의 1, 혹
은 4분의 1이나 되는데도 홀로 신역身役이 없고 마음대로 한가하
게 놀고 있다.

(『성종실록』, 성종 4년 12월 18일)

이러했으니, 위정자들은 백정을 범법 집단 그 자체라고 지목한 것이다. 즉 백정은 범죄의 온상이 될 수밖에 없었다.

백정의 범죄율 증가에 있어 인구요인도 무시할 수 없었다. 고기 및 가죽 수요가 점점 증가하니 도축업은 계속해서 호황을 누리게 된다. 이와 같은 시장상황이 도축업자인 백정들에게 황금기를 안겨준 것이다. 이러니 그들의 생활여건 또한 크게 개선될 수밖에 없었다. 우선 그런 각박한 환경에서도 이들의 인구수는 늘어갔다.

●● 게다가 시장상황까지 좋아졌다. 조정에서는 금하지만 소고기와 소가죽을 즐겨 찾는 사람의 증가는 백정의 경제적 형편을 향상시키는 데 조력한 요인의 하나다. 수입이 늘어나고 있었던 것이다. 조정에서는 이런저런 통제를 가함에도 돈이 들어오면서 생활 조건이 나아짐에 따라 백정의 인구는 점점 증가 추세에 있었다. 게다가 1472년성종3 백정끼리의 혼인 금지령에도 불구하고, 생활양식이 보통 사람과 달라 자기들끼리 혼인하면서 그 무리의 인구가 번성하기도 했다.

●●● 급기야 왕조가 개창된 지 100년이 다 되어 갈 시점에는 한 고을에 사는 백정의 인구수가 평민과 비교하여 3분의 1 내지 4분의 1에 해당할 정도가 되었다. 이처럼 백정의 인구가 늘어난 만큼 그들의 범죄율도 증가했다고 볼 수 있다. 그들의 주

••
강음현江陰縣 천신사天神寺의 탑재塔峴에 신백정 20여 명이 있는데, 말을 타고 불을 지르며 도둑질을 하므로, 고을 수령이 군사를 거느리고 추적하여 잡으러 가서 적과 만났는데, 남녀 10인이 다 활과 화살을 차고 있었으며, 극력으로 활을 쏘며 항거하였습니다.

(『세종실록』, 세종 10년 윤4월 3일)

•••
또 평산平山의 원적동元積洞 산봉우리에 말 탄 도적 8인이 있었는데, 다 활과 화살을 차고 있으며, 횃불 한 개를 들면, 배천白川의 호국산護國山 동쪽 봉우리에서 또한 횃불 한 개를 들어 서로 호응하고 있습니다.

(앞의 책)

된 직업인 도축은 물론이고 고유의 유랑생활마저 범법행위 그 자체이기 때문이었다.

의적? 임꺽정의 출현

백정 출신 범죄자 가운데는 일부이긴 해도 관군官軍에 맞서 싸운 대담한 도둑들도 출현한다. 그 대표적인 인물이 명종 때 활약했던 임꺽정 무리이다. 물론 임꺽정보다 훨씬 앞서 활동한 이도 적지 않았다.

•• 1428년세종10 황해도 감사黃海道監司의 보고서에는 이들 도 둑에 대한 기록이 등장한다. 이들은 불을 지르며 도둑질을 일삼았다. 이때 무장한 채 말을 타고 달리며 활을 쏘는 등 뒤쫓는 관군에게 대항하는 모습에서는 대담함이 느껴진다.

••• 또한 같은 날짜의 황해도 감사보고를 살펴보면, 그들은 위정자들이 상상조차 하지 못할 조직력을 갖췄다는 것도 알 수 있다. 본래 관군의 출동에 삼십육계 줄행랑을 놓는 것이 일반적인 도둑이다. 그러나 오히려 대항하고 무기를 들어 공격 한다는 것은 실로 놀라운 대담함이 아닐 수 없다. 심지어 산 과 산을 넘나들며 횃불로 서로에게 연락을 취하기도 했다. 비 록 도둑떼라고는 해도 이 정도의 조직력이라면 관군도 상대하

●●

형조刑曹에서 삼복三覆하여 아뢰기를, "수원水原의 죄수인 백정 이
물재李勿才와 이지리李之里가 관악산冠岳山에 둔취屯聚하여 관병
官兵과 맞서서 대적對敵한 죄는, 율律이 참형부대시에 해당합니
다……"하니 아울러 그대로 따랐다.

(『성종실록』, 성종 4년 7월 26일)

●●●

의금부의 죄수인 강도强盜 사노私奴 말응실末應實·고도금高道金, 백
정 조석이趙石伊·성기成己가 관악산에 모여서 관군에게 항거한 죄
는 율에 참형 부대시에 해당합니다.

(『성종실록』, 성종 3년 10월 25일)

기 어려웠을 만하다.

그런데 이러한 무리는 성군인 세종 때부터 활보하고 있었다. 이렇게 도적단이 어느 정도 규율이 잡혀 있고 조직력을 갖춘 무리가 되었다는 것은, 왕조의 교화사업이 지속적으로 추진되었음에도 불구하고 결국 실패하고 있다는 웃지 못할 증거이기도 하다. 또한 이들은 성종 4년에는 국왕이 머물고 있는 도성 인근에서도 아무렇지 않게 출몰하곤 했다.

•• 최고 수준의 치안력을 갖춘 도성 인근에서 활동한 이들 도둑 무리들은, 마치 왕조의 공권력을 조롱하듯 관악산을 무대로 삼아 활약했다. 형조가 이들을 삼복三覆하여 처벌을 내리는데, 수원의 죄수인 백정 이물재, 이지리가 참형부대시斬刑不待時를 받았다. 삼복이란 죄인에게 내려질 처벌이 '사형'일 경우에 초심·재심·삼심으로 반복해 심리를 한 뒤 결정해야 한다는 형사절차상 규정이다. '참형부대시'는 본래 처형을 하지 않는 계절인 봄·여름과 상관없이 처형을 한다는 중죄를 지은 죄인에게 내려지는 참수형이다.

••• 그런데 1472년성종 3에 같은 무리인 사노 말응실, 고도금과 백정 조석이, 성기가 잡혔다는 기록이 있다. 당시 의금부義禁府의 보고에 따르면 관악산에서 관군을 우롱하듯 대담한 활동을 펼친 이 도적들 또한 참수형에 처해졌다.

●●

조정에서 또 장연長淵·옹진甕津·풍천豐川 등 4~5고을의 무관·수
령을 시켜 군사를 거느리고 가서 잡게 하므로 서흥瑞興에 모였는
데, 아전과 백성들이 벌써 내통하여 밤에 60여 명이 말을 타고 높
은 데 올라가 내려다보며 활을 비 오듯 쏘아대니, 다섯 고을의 군
사가 지탱하지 못하고 분산되자 더욱 거리낌 없이 날뛰었다.

(박동량, 「기재잡기」 권3)

이때 특이했던 것은 이물재의 무리에는 사노비도 포함되어 있었다는 사실이다. 아울러 이후 1473년성종 4에 관악산에서 활동한 도둑떼가 재등장했다는 것은 관군과 대치했던 이전의 상황에서 일망타진되지 않았다는 뜻이다. 그들이 상당한 규율과 조직력을 갖춘 것으로 미루어 짐작할 수 있다.

하지만 뭐니 뭐니 해도 백정 출신 도둑떼 중 가장 유명한 인물은 임꺽정林巨正 무리였다. 활동 범위가 가장 광범위했고 그 무리도 가장 많았다. 왕조에 가장 큰 위협이 되었음은 당연지사이다. 임꺽정에 대한 정보를 제공하고 있는 당대 자료 중 하나가 조선 중기의 문신 박동량朴東亮, 1569~1635년이 편저한 『기재잡기寄齋雜記』인데 일기와 함께 야사류野史類가 수록되어 있으며,[17] 그들의 규모가 어느 정도인지를 파악할 수 있는지 알 수 있다.

이들 임꺽정 무리는 황해도의 4~5고을에서 동원한 관군을 격파할 정도로 놀라운 실력을 갖추어 관군이 상대하기에 만만한 도적떼가 아니었다. 이 전투에서는 임꺽정의 무리 중 정예요원, 즉 기마대 60여 명만이 참가한 것으로 보인다. 조정에서 임꺽정 무리를 소탕하기 위해 소집된 군사가 한 고을이

---

17 『기재잡기』 권3, 역대 조정의 옛 이야기 3.

●●
전날 장통방長通坊, 지금의 종로 2가 부근에서 엄습하여 잡으려 할 때
임꺽정은 달아나고 그의 처 3인만 잡았다.
(『명종실록』, 명종 15년 11월 24일)

●●●
경기와 양서兩西, 해서(황해도)와 호서(충청도)의 수백 리 사이에 나그네
가 지나다니지 못할 정도였다.
(『국조보감』, 권23, 명종조 2)

238

아니라 무려 4~5고을 정도였으니, 그 규모가 실로 엄청나다.

『명종실록』에 따르면 경기도 양주楊州 출신인 백정 임꺽정은 1559년명종14에 시작해서 체포되어 처형당한 1562년명종17까지 3년 이상 황해도를 중심으로 평안·경기·강원도 등지에서 활약했던 조선시대의 대표적인 도적 우두머리였다.

●●   명종 때 활동했던 임꺽정과 그 무리는 황해도 구월산 등 험한 산간지대를 주요 거점으로 삼아 활동했다. 그러자 조정에서 일단 지방군을 동원하여 소탕하도록 했지만, 이 역시 실패하고 만다. 이후 세력이 월등하게 커져 그 활동무대는 점차 평안도, 강원도, 나아가 서울 등지로 확대되었다. 특히『명종실록』에서 볼 수 있듯이 왕조를 비웃기라도 하는 양 서울 종로통을 버젓이 활보하고 다녔을 정도로 대범했다.

●●●   활동무대가 넓어지고 관군을 비웃는 그들의 일사불란함에 임꺽정의 명성이 점차 높아졌고 그를 따르는 무리도 따라서 많아졌다. 그들은 황해도를 비롯한 인접 도 지역의 마을을 습격하여 재물을 빼앗았다. 또한 서울과 평양 간 도로를 비롯하여 여러 교통로에 자주 출몰하여 상인이나 나그네의 물건을 약탈하곤 했다.

결국 이들 무리에 대한 소탕문제는 조정의 최대 현안으로 떠올랐다. 상황이 시급하게 되자 조정은 1560년명종15 11월 선

●●

신정수익들이 빨리 달려서 26일에 봉산에 도착하였고 28일에 어수동御水洞에 모였는데, 양쪽平山府 鳳山郡 군사가 약 5백여 명이었습니다.……연천령延千齡과 군사가 다 도적에게 죽고 연천령의 말도 빼앗겼습니다.

(『명종실록』, 명종 15년 11월 29일)

●●●

선전관 정수익을 파견하여 봉산군수鳳山郡守 이흠례李欽禮 및 금교찰방金郊察訪 강려姜侶와 함께 5백 명의 관군을 데리고 가서 체포하게 하였는데, 도적이 구월산으로 들어가 의거한 채 관군에게 대항하였다. 부장 연천령延千齡이 적의 손에 죽고 또 역마를 빼앗겨 정수익 등이 어쩔 수 없이 돌아왔다.

(『국조보감』, 권23, 명종조)

전관宣傳官 정수익鄭受益을 비롯한 군 지휘관들을 파견해 지방 군과 합류하여 임꺽정과 그 무리에 대한 토벌작전을 펼치게 된다. 요즘으로 치자면 '범죄와의 전쟁'이 시작된 것이다.

당시의 상황은 『국조보감』에도 기록되어 지금까지 전해지고 있다. 『국조보감』은 조선시대 역대 왕의 업적 가운데 선정善政만을 모아 편찬한 편년체의 역사서로서, 1457년세조 3에 태조·태종·세종·문종 4조의 보감을 처음으로 완성하였다. 이후에도 편찬사업이 계속 이루어져 철종조의 보감까지 출간되었다.

•• 임꺽정 무리의 소탕을 위해 급기야 왕조의 명이 떨어졌다. 이윽고 서울에서 파견된 정수익이 평산과 봉산에서 동원한 관군 500명을 이끌고 임꺽정 무리 토벌에 나섰으며, 이때 정수익의 부장部將인 연천령이 전사하는 일이 발생했다. 이 사건과 관련된 기록이 『국조보감』권23, 명종조 2에도 실려 있는데, 여기에는 임꺽정 일당이 장기간 활보할 수 있었던 사실을 추정할 만한 기록이 있다.

••• 토벌군이 출동하자 임꺽정 무리는 소굴인 구월산으로 들어가 매복한 뒤 관군을 격파했던 것이다. 소위 '범죄와의 전쟁'을 선포하고 토벌에 나섰지만 선전관 정수익이 이끄는 관군의 볼품없는 실패였다.

••

종2품 무신 2명을 가려 뽑아 각각 용맹한 군사 7, 8명을 거느리게 하고 순경사巡警使라는 칭호를 주어 황해, 평안, 강원, 함경 등지로 내려 보내어 계책을 써서 사로잡게 하였지만 역시 소득 없이 돌아오고 말았다.

(앞의 책)

•••

황해도에서 일을 거행하려면 반드시 경기·함경도·평안도·강원도에 먼저 조치하여 모든 일을 준비하게 하고, 경장京將도 즉시 황해도로 내려 보내야 하며, 경장의 통보를 기다려서 이 네 도가 서로 약속하고 일제히 군대를 일으켜 찾아내어 체포하여 도적이 빠져 나가지 못하게 한 뒤라야 일을 이룰 수 있을 것입니다.

(『명종실록』, 명종 16년 10월 6일)

●● 　이들을 토벌하기 위한 시도는 또 있었는데 1561년명종16의 일이다. 그러나 별다른 성과 없이 또 다시 실패하고 말았다. 이처럼 소규모 관군 부대로는 근거지에 은신한 그들과 소탕은 커녕 맞설 수도 없었으며, 그렇다고 쉽사리 대규모 토벌군을 조직하여 파견할 수도 없는 노릇이었다. 매번 토벌에 실패하였으니 이렇다 할 실력의 관군으로서는 자존심도 상할 일이었을 것이다. 하지만 마냥 내버려 둘 수는 없었다. 수시로 마을을 약탈한 것도 큰 문제였지만, 사실상 서울과 서북지방 간의 교통이 끊긴 상태였기 때문이다. 임꺽정 일당 소탕문제는 조정과 민생안정을 위해 긴급히 해결해야 할 당면과제가 된 것이다.

●●● 　국왕 명종에게 대신들이 임꺽정 무리를 소탕할 작전을 건의해 올렸다. 명종은 이들의 건의를 받아들여 황해도를 비롯해 그 인근 경기·함경·평안·강원도에도 총동원령을 내렸다. 또한 이 작전을 수행하기 위해 선전관보다 한 단계 높은 토포사討捕使를 임명하여 대대적인 소탕작전을 벌였는데, 『명종실록』에 따르면 황해도에 남치근南致勤, 강원도에 김세한金世澣을 각각 토포사로 파견했다.

　앞서 시도된 토벌 시도가 매번 실패하였으니 절박한 것은 조정이었다. 왕조로서는 한갓 도둑떼를 잡기 위해 두 도에 토포사를 파견하여 전국 8도 가운데 무려 5도 군사를 총동원

신유년 가을에 비로소 남치근을 토포사로 삼아 재령군載寧郡에 나가 진영을 설치하게 하고, 백유검白惟儉을 순검사巡檢使로 삼아 평산부平山府에 나가 진영을 설치하게 하였는데, 남치근이 군사와 말을 대대적으로 모아 구월산 아래에 진을 치고 적당이 산을 내려오지 못하게 하여 궁지로 몰아넣었다. 적당의 모주謀主 서림徐林이 벗어나지 못할 것을 스스로 알아차리고 산에서 내려와 투항하고 허실虛實을 모두 실토하였다. 남치근이 마침내 진격하여 수풀 속을 샅샅이 수색하며 올라가 적당을 모두 체포하였다. 일이 보고되자 금부도사와 선전관을 파견하여 잡아다가 효수하고, 남치근 등을 차등 있게 시상하였다.

(『국조보감』 권23, 명종조)

하는 대대적인 작전을 펴지 않을 수 없게 된 것이다. 이제 물러설 수 없는 전면전이었다. 그만큼 임꺽정과 그 무리가 왕조에 큰 위협이 되었다는 것이다. 이와 같은 대대적인 작전은 경위가 어찌 됐건 성공을 거둔다.

•• 　국왕의 명을 받고 소탕에 나선 토포사 남치근은 먼저 임꺽정 무리의 소굴인 구월산을 포위했다. 일개 도둑떼를 잡자고 이렇게 구월산 전체를 포위할 정도이면 그 동원한 군대의 규모는 실로 짐작할 수 있을 것이다. 상황이 불리해지자 임꺽정의 무리 중 참모장격인 서림이라는 자가 투항했다. 그리하여 관군은 서림이 제공한 정보를 토대로 색출작전에 나서게 되었으며, 비록 임꺽정은 잡지 못했지만 소기의 성과를 거두게 되었다. 『기재잡기』에는 뒤늦게 잡힌 임꺽정의 최후가 비교적 자세하게 묘사되어 있는데, 관군에 잡힌 그가 먼저 투항한 서림을 원망하고 있는 내용이 담겨 있다.[18]

---

[18] 『기재잡기』 권3, 역대 조정의 옛 이야기 3.

●●

임꺽정은 골짜기를 넘어 도망하였는데 남치근이 황주黃州에서 해
주海州까지의 모든 장정들을 동원하여 사람으로 성을 쌓고, 문화
文化에서 재령載寧까지를 한 호戶, 한 막幕 할 것 없이 샅샅이 뒤지
게 하니, 임꺽정이 비로소 할 수 없게 되어, 한 촌가에 뛰어 들어
갔다. 남치근이 전진하여 포위하였다. ……마구 활을 쏘아대니 상
처가 심했다. 그제야, "내가 이렇게 된 것은 모두 서림의 행위 때
문이다. 서림아, 서림아, 끝내 투항할 수가 있느냐" 하였다. 이것은
그가 먼저 투항하여 죽임을 당하게 한 것을 분하게 여긴 것이다.

(「기재잡기」 권3, 역대 조정의 옛 이야기)

●●●

도적들임꺽정무리이 발동하게 된 3년 동안에 다섯 고을이 피폐해지
고 관군이 패하여 분산되었으며, 여러 도道의 병력을 동원하여 겨
우 한 명의 도적을 잡았는데, 죽은 양민은 한이 없었으니, 그 당
시 군정의 해이됨이 참으로 개탄스러울 정도였다.

(앞의 책)

•• 　이렇게 임꺽정은 일단 관군의 구월산 포위망에서 벗어났지만 황해도의 모든 장정을 동원해서 벌인 수색망에 걸려들고 말았다. 황해도의 황해는 황주와 해주의 첫 글자를 취해 만든 것으로, 황주와 해주는 곧 황해도를 의미한다. 인용문의 '황주黃州에서 해주海州까지의 모든 장정'은 즉 '황해도의 모든 장정'을 뜻한다.

••• 　오직 임꺽정 무리를 소탕하기 위해 황해도뿐만 아니라 여러 도에서 동원된 관군의 대대적인 작전은 일단 성공하였다. 그러나 달리 생각해 보면 일개 도적을 잡기 위해 대규모 동원이 필요할 만큼 임꺽정이 당대 최대의 화젯거리였음이 분명하다.

　임꺽정은 명종 때 3년간 활동했다. 그 활동 첫해에는 지방군, 그 이듬해부터는 중앙군까지 합세한 군사들의 삼엄한 경계망에 맞섰다. 험난한 산악지형을 이용한 유격전술을 구사하였다고는 하지만 어떻게 그럴 수 있었을까? 이런 막대한 군사와 맞서 3년 이상이나 생존하는 것은 아무리 체계와 조직력을 갖춘 대규모 도적단이었다고 한들 무리가 아니었을까? 그들이 범죄자였건 의적이었건 그 뛰어난 조직력과 전술에 있어서는 칭찬하고 볼 일이다.

••
또 듣건대, 한 백성이 도적 무리를 고발한 일이 있었는데, 하루는 들에 나가 나무를 하다가 도적들에게 붙잡혔습니다. 도적들이 살해하려 하자, 그의 아들이 산 위에 있다가 이를 보고는 달려와서 도적들에게 말하기를 "너희들을 고발한 것은 아버지가 아니라 나이고, 아버지를 대신하여 죽기를 바란다"고 하였습니다. 도적들은 곧 그 아비를 놓아주고 그 아들을 결박하여 마을의 집에 도착하여 밥을 짓게 하고는 둥그렇게 둘러앉아 배를 갈라 죽이고 갔다고 합니다.

(『명종실록』, 명종 14년 4월 21일)

의적인가 도적인가?

이렇게 임꺽정과 그 무리가 장기간 활약할 수 있었던 것은 일부 학자들이 주장하는 것처럼, 백성들이 그들을 의적으로 여겨 정보와 은신처를 제공해 주었기 때문인지도 모른다. 당시 백성들이 이들을 신고하지 않은 것은 사실이지만, 적어도 『명종실록』에 따르면 자신들의 이해를 대변하는 의적으로 여겼기 때문이라기보다는 이들의 보복을 두려워했기 때문이다.

『명종실록』 명종 14년 4월 21일에는 "황해도 각 지방의 서리와 백성으로서, 도적을 고발하여 체포하게 한 자도 도적들의 복수로 죽임을 당하였으니 모두 지극히 참혹합니다"라는 기록이 있다. 임꺽정 무리가 자신들을 고발한 하급 관리와 백성들을 대상으로 참혹하게 보복했음을 알려주는데, 같은 일자의 『명종실록』에는 또 다른 끔찍한 보복기사가 있다.

임꺽정의 무리가 자신들을 고발한 자에게 보복을 하려 하는데 고발자인 아비 대신 그 아들이 대신 죽기를 청했고, 이들 무리가 아들의 배를 갈라 죽였다는 내용이 바로 그것이다. 『명종실록』뿐만 아니라 『기재잡기』에도 임꺽정 무리의 이러한 잔인한 보복행위에 대해 실감나는 묘사가 등장한다. 만일 그들의 약탈행위에 항거하거나 대항하면 살을 발라내고 사지를

●●

도적 임꺽정은 양주 백정으로서 성격이 교활한데다가 날쌔고 용맹스러웠다. 그 도당 몇 명도 모두 지극히 날래고 민첩했는데, 그들과 함께 일어나 적단敵團이 되어 민가를 불사르고 마소를 닥치는 대로 약탈하되 만약 항거하는 사람이 있으면 살을 발라내고 사지를 찢어 죽여 잔인하기가 그지없었다.

(『기재잡기』 권3, 역대 조정의 옛 이야기)

●●●

윤원형과 심통원沈通源은 외척의 명문거족으로 물욕을 한없이 부려 백성의 이익을 빼앗는 데에 못하는 짓이 없었으니, 큰 도적이 조정에 도사리고 있는 셈이라. 그 하류들도 휩쓸려 이익을 추구함에 있어 남에게 뒤질세라 야단임은 물론 자기만 알고 임금은 생각하지도 않게 되었다.

(『명종실록』, 명종 16년 1월 3일)

찢어 죽였다는 잔인한 기록이다.

　•• 　사실 백성들은 임꺽정 무리의 보복도 두려웠지만, 자신들의 재산만 약탈하지 않는다면 굳이 이들을 고발할 필요가 없었다. 당시의 집권층 자체가 일반 백성에게는 가혹한 지배자와 억압자에 불과했으니 임꺽정 무리가 자신들에게 피해만 입히지 않는다면 이들의 활동을 고소해 하면서 즐길 수도 있었던 것이다.

　••• 　역사를 기록하는 사관史官은 이러한 점을 놓치지 않았다. 당시 실권자인 윤원형尹元衡 등에 대해 조정의 큰 도적라고 솔직하게 비판하고 나섰다. 윤원형이 누구이던가. 중종의 계비이며 명종의 어머니인 문정왕후文定王后, 1501~1565년의 동생이다. 명종이 12세의 어린 나이로 왕위에 오르자 문정왕후의 수렴청정이 이루어졌고, 윤원형은 외척으로서 이조판서·우의정·영의정의 자리를 이어나갔다.

　부패한 그의 권력은 본부인인 적처嫡妻 김씨를 독살하고 정경부인의 자리까지 오른 애첩 정난정鄭蘭貞, ?~1565년의 탐욕이 함께 어우러져 백성의 고혈을 착취하기까지 이르렀다. 그들이 뇌물과 착취로 축적한 막대한 부는 국고보다 많았다고 역사는 기록하고 있다. 외척 실세가 이토록 부패하였으니 그 아랫것들은 오죽하였을까. 출세를 위해서건 자리보존을 위해서건

●●

도적이 성행하는 것은 수령의 가렴주구 탓이며, 수령의 가렴주구
는 재상이 청렴하지 못한 탓이다. 지금 재상들의 탐오가 풍습을
이루어 한이 없기 때문에 수령은 백성의 고혈膏血을 짜내어 권요權
要, 권력이 있는 중요한 자리에 있는 사람를 섬기고 돼지와 닭을 마구 잡
는 등 못하는 짓이 없다. 그런데도 곤궁한 백성들은 하소연할 곳
이 없으니, 도적이 되지 않으면 살아갈 길이 없는 형편이다.

(『명종실록』, 명종 14년 3월 27일)

●●●

적들이 해주海州에서 평산平山지방으로 들어가 대낮에 민가 30여
곳을 불태우고 많은 사람을 살해하였다.

(『명종실록』, 명종 16년 10월 6일)

황해도의 적세賊勢가 흉포하여 사람을 약탈·살해할 뿐 아니라,
심지어 대낮에도 관문官門을 포위하고 수령의 나졸羅卒을 사살하
며 옥문을 부수고 수감된 일당을 빼앗아 가는 실정이다.

(『명종실록』, 명종 14년 3월 13일)

●●●●

패두牌頭 이억근은 일찍이 도적 수십 명을 잡은 적이 있었다. 이때
본부개성부가 신계新溪의 첩정牒呈, 서면으로 하는 보고을 인하여 군사
를 동원하여 적을 포위하였는데, 이억근이 군사를 거느리고 가서
새벽을 이용하여 도적의 소굴에 들어갔다가 일곱 대의 화살을 맞
고 죽었다.

(『명종실록』, 명종 14년 3월 27일)

252

권세가들의 개가 될 수밖에 없었을 것이다.

•• 　사관이 이들 외척 세력을 직접 비판했을 만큼 수령들의 가렴주구와 재상들의 탐오가 도적 성행의 주원인이었다. 이러한 이유로 백성들에게는 굳이 임꺽정을 고발할 당위성이 없었다. 오히려 양반 벼슬아치들이 임꺽정에게 피해를 입고 분개하는 것을 지켜보며 고소해할 노릇이다.

••• 　한편, 임꺽정의 무리는 백주대낮에 민가를 습격하여 약탈하기도 했는데 그 대담함이 유례를 찾기 힘들었다.『명종실록』에 따르면 이들은 민가에 불을 지르고 사람을 살해했을 뿐만 아니라 수감된 동료를 구출하기 위해 관아에 침입해 관군을 살해하기까지 했으며, 이러한 행동에 한 치의 망설임도 없어 보였다. 이는 엄연히 공권력에 대한 도전이었으며, 위협이었다.

•••• 　당시 개성부의 포도관捕盜官 이억근李億根은 군사 20여 명을 거느리고 새벽에 임꺽정의 소굴을 기습하다가 죽음을 당했다. 그는 평소에 도적을 추적하여 체포하는 일에 적극적이라 하여 임꺽정이 미워했던 인물이었다.

　이러한 사례는 자신을 지키기 위한 자위권 차원의 우발적인 일들이다. 그런데 임꺽정은 봉산군수鳳山郡守 이흠례李欽禮를 계획적으로 살해하려 했다. 이흠례가 황해도 신계 수령으로

●●
새 봉산군수 이흠례를 죽이기로 의논하였다. 대체로 이흠례는 신
계군수로 있었을 때 우리들을 많이 잡아들였는데 지금 본직에
올랐으니 먼저 이 사람을 해치면 위엄을 세울 수 있을 뿐만 아니
라 우리도 후환이 없을 것이기 때문이다.

(『명종실록』, 명종 15년 11월 24일)

•• 있을 때, 임꺽정 잔당을 많이 체포해 죽인 것에 대한 엄연한 보복행위였다.

하지만 이 계획은 사전 발각되어 실패하고 말았는데 어쨌든 현직 수령을 살해하려 했다는 점에서 임꺽정 무리의 대담성을 보여주는 대표적인 사례이다. 그러나 이것으로 그들의 행위에 정당성을 부여하는 근거는 될 수 없다.

하지만 달리 생각해 보면, 공권력에 대한 이런 대담한 도전행위는 그들을 단순한 도적으로 규정짓는 것이 무리임을 말해주기도 한다. 임꺽정의 국가기관에 대한 도전은 그가 의도했든 그렇지 않든 왕조 체제에 대한 도전이기 때문이다.

조선시대 임꺽정에 관한 모든 기록 역시 그를 의적이 아니라 도둑 내지 강도로 기록하고 있다. 물론 이런 기록들은 모두 양반 계급이 서술한 것으로서 백정 출신인 그의 행위를 지지할 리는 만무하다는 점은 감안해야 한다.

임꺽정이 의적이라는 관념이 생겨난 원인은 아마 『명종실록』 사관의 "도적이 성행하는 것은 수령의 가렴주구 탓이며, 수령의 가렴주구는 재상이 청렴하지 못한 탓"이라는 분석과 "윤원형과 심통원은 외척의 명문거족으로 물욕을 한없이 부려 백성의 이익을 빼앗는 데에 못하는 짓이 없었으니, 큰 도적이 조정에 도사리고 있는 셈이라"는 기술에서 찾을 수 있을 것이다.

벼슬아치들의 탐학이 심해지면서 생활 파탄에 다다른 백성들은 관리를 살해하고 관아를 습격하여 감옥을 부숴 버렸던 임꺽정 무리의 행적을 미화하게 되었을 것이다. 임꺽정은 비록 정부군에 체포되어 처형되었지만, 백성들의 마음속에는 부패한 권력에 대항한 의적으로 살아남아, 백성들의 입에서 입으로 전해질 수 있었다.

위정자들에게야 임꺽정이 도적이었을지 모르겠으나, 백성들에게는 부패한 외척 세력인 윤원형과 심통원, 정난정 일당이 더 큰 도둑이 아니었을까? 과연 큰 도적이 누구였을지는 역사가 말해주는 것이리라. 훗날 소설가 홍명희는 이런 구전설화를 장편소설 『임꺽정』에서 의적으로 형상화하여 세상의 공감을 불러왔다.

호랑이
사냥꾼의
프랑스군 및
미군 격퇴

한반도에서 오래전부터 터를 잡고 생활했던 사람들이 보인 삶의 방식은, 최소 고려 말과 조선 500년을 기준으로 살핀다면, 정주定住의 형태였다. 정해진 곳에 터를 잡고 살면서 텃밭과 논밭을 가꾸는 농업형 정주민이 대부분이었다. 지금 이 책에서 소개하는 '백정'이라는 존재가 한반도 주민들의 그런 정주형, 정착형, 고정형의 삶에 변화 또는 일정 부분 충격을 준 그룹이다. 그들은 위에서 줄곧 소개했듯, 통치의 몫을 담당한 왕조의 집권층으로부터 견제에 시달린다. 정주의 삶에 어느덧 익숙해져 있던 한반도 재래의 토착민들로부터도 이들은 차별과 멸시, 박대의 시선을 받는다.

그러나 어느덧 그런 곡절을 거치면서 이들 백정 집단은 어엿한 한반도 사람의 한 부류로 자리를 잡아간다. 왕조는 이들의 순조로운 정착을 위해 '제민화'의 정책을 줄곧 시도하면서 백정 그룹이 재래의 정착민과 함께 어울려 살 수 있도록 노력을 기울인다.

아울러 백정에 대한 그런 시책은 시간이 지나면서 차츰 효력을 발휘해 백정 그룹은 급기야 원래의 정착민과 통혼 등을 거치면서 한반도 정착민의 일부로 뿌리를 내려간다. 비록 백정에 대한 천대와 멸시는 그대로 존재했다고 하더라도, 그와 같은 추세는 조선의 후반기에 들어가면서 점차 도를 더해간다.

제 원래의 조상으로부터 물려받은 강인한 체력을 바탕으로 이들은 조선 후반기에 들어서면서 한반도 구성원의 일부로서 제가 맡아 해야 할 일에 대한 책무도 맡는다. 그들은 한반도가 동진東進하는 서구 열강의 세력에 밀려 기우뚱할 때 그곳에 세워져 500년의 풍상을 견뎠던 왕조의 운명을 지키기 위한 수호자로도 등장한다. 백정으로부터 나왔던 조선의 '호랑이 사냥꾼'들은 맹수를 쫓던 사납고 날랜 눈길을 다른 곳으로 돌려 응시한다. 강화도에 나타난 철선鐵船, 그로부터 조심스럽게 내려 다가와 조선의 수도 한양을 몰래 넘보던 프랑스와 미국의 군대를 향해서였다.

●●

서울 안의 시위도 허술하게 할 수 없습니다. 옛 사람의 말에 "정
병精兵 1백이면 향하는 곳에 대적할 이가 없다" 하였으니, 더 보낼
필요는 없습니다. 다만 평안·황해 두 도에 신백정을 뽑아서 패牌
를 만들어 들여보내면, 이들이 산판山坂, 산 일대을 다니는 데 익숙
하고 활쏘기에도 익숙하여 유익할 듯하옵니다.

(『세종실록』, 세종 15년 2월 27일)

전공으로 고관이 된 백정

조선 왕조의 위정자들은 백정 출신 사냥꾼을 고용한 적이 있는 윌리엄 프랭클린 샌즈처럼 그들의 탁월한 능력을 잘 알고 있었다. 이들 사냥꾼은 항시 무장을 하고 있어 상비군과 같은 존재였으며, 게다가 출중한 자질마저 지니고 있었으니 타고난 전사 그 자체였다. 이러니 위정자들은 외국의 침략과 같은 긴급 상황이 발생하면 백정 출신 사냥꾼을 동원하곤 했다.

•• 1433년세종 15 2월 세종은 조정 대신들과 함께 여진족 토벌 문제를 의논했다. 이때 황희黃喜 등의 조정 대신들은 중앙군의 파견을 반대하였고, 그 대안으로 평안도와 황해도 지역의 백정들을 차출하여 보내자고 주장했다. 사냥꾼으로서 활쏘기에도 능했고, 맹수를 두려워하지 않는 그 용맹함과 사냥을 주업으로 하는 사람들이니 산길에 익숙했기 때문이었다. 여기서 정승들이 말하는 '패'는 지금의 '패거리'와 비슷한 말로 복무할 때 번番, 비번 내지 당번을 갈아서던 한 무리를 뜻하며, 대체로 40~50명이 한 조를 이룬다.

이렇게 정승들이 임금에게 건의할 만큼 당시 백정들의 탁월한 실력은 분명히 인정받고 있었다. 그들이 보기에 백정들은 천부적인 전사였다. 그렇기에 여진족을 토벌하는 데 백정

••

여연閭延에 나가 방위하는 서울 군사가 걷고 달음질하는 데 익숙
하지 못하오니 튼튼하고 날랜 신백정을 충청·경기·황해 등 도道
에서 뽑아서 운運을 나누어 들여보내기를 청하옵니다.

(『세종실록』, 세종 15년 윤8월 16일)

•••

각 고을의 산행으로 구실이 면제된 신백정 등은 항상 수렵을 익
혔기 때문에, 말도 잘 타고 걸음도 빠르다.

(『세종실록』, 세종 18년 윤6월 18일)

을 동원하자고 거침없이 주장한 것이다. 이로부터 6개월 후인 1433년세종15 8월에도 정규군 대신 백정을 차출하자는 또 다른 제안이 있었다.

●● 여진족 침략을 막기 위해 충청도 등 지역에서 백정을 차출하여 평안도의 여연으로 파견하자는 병조의 건의내용이 바로 그것이다. 이번에도 병조가 백정을 차출하자는 의견을 낸 이유는 한결같다. 백정의 타고난 사냥실력과 용맹함, 또한 경군京軍과 달리 산악지역에서 걷고 달리는데 익숙함을 들었다. 여기서 운運은 많은 사람을 여러 차례에 걸쳐 나누어서 보낼 때 배정한 수효를 뜻한다. 세종은 위와 같은 병조의 의견을 받아들여 백정의 파견을 결정하였다.

●●● 『세종실록』에 등장하는 여러 차례의 백정 기록 가운데 그들의 사냥실력을 언급한 경우도 적지 않다. 백정은 우선 일반 백성들에 비해 산을 타면서 짐승을 사냥하는 기술이 아주 뛰어났다. 아울러 그런 사냥기술을 뒷받침할 수 있는 체력적인 여건도 탁월했다고 보인다. '말도 잘 타고, 걸음도 빠르다'는 얘기는 기동력이 좋으며, 남에 비해 빨리 움직일 수 있을 정도로 체력적 여건이 매우 뛰어나다는 얘기와 다르지 않다. 세종 즉위 18년째인 1436년 『세종실록』에 나오는 내용은 그를 여지없이 증명하는 대목이다.

●●

왜란倭亂 이래로 앞서 출사出仕한 자가 무려 수만 명인데, 그중에
는 한량閑良, 직역(職役)이 없는 양반·사족士族 이외에, 서얼庶孼·공천公
賤·사천私賤·백정 따위도 참여하지 않은 사람이 없었다.
(이기, 「송와잡설」)

체력의 바탕이 뛰어나 기동력이 좋고, 아울러 사냥의 기술
이 탁월한 백정은 훌륭한 싸울아비에 다름 아닐 것이다. 그들
은 이를테면 훌륭한 전사이기도 했던 것이다. 그러니 백정 중
에는 임진왜란 때 전공戰功을 세워 벼슬아치가 된 자들도 많
았다.

『송와잡설松窩雜說』에는 임진왜란 이후 벼슬길에 나아간 자
가 수만 명이나 되는데, 그중에는 백정들도 포함되어 있다는
사실이 담겨 있어 이러한 실정을 시사해 주고 있다. 『송와잡
설』은 조선 중기의 문신 이기李墍, 1522~1600년가 지은 시화만록
집詩話漫錄集이다. 이 기록은 천민과 같은 처지인 백정이 벼슬아
치가 될 수 있는 방법이라곤 전공을 세우는 것 외에는 다른
방도가 거의 없었다는 점을 역설적으로 보여준다.

특히 조선조 500년이 엄격한 신분질서를 근간으로 이어
져 온 일방적 '차별과 멸시'의 시대였다는 점을 감안하면 신분
이 양반 계급에 속하지 못했던 상민이나 그 아래의 천민들은
좀체 자신의 지위를 상승시킬 기회를 잡을 수 없었다. 오로지
나라가 뒤집어지고, 조정朝廷이 존망을 다투는 화급한 위기에
놓이는 그런 전쟁의 시기만이 유일했다. 신분으로써 모든 것
을 강제하려는 조정과 양반계급에게 목숨을 바치는 이른바
'혈세血稅'를 바침으로써 그 바라던 신분상승의 효과를 거두

●●
지금의 무장武將에 있어서는 백정의 신분으로 겨우 출사하여 몇
해가 되지 않아서 참판參判의 품계品階에 오른 자들을 이루 다 셀
수 없다.

(『상촌고』 권34. 노의 대비에 관한 설)

는 길밖에 없었던 것이다. 노비, 나아가 그와 다를 바 없는 신분의 백정에게는 전쟁이 가문을 일으키는 유일한 희망이기도 했다.

실제 당시의 백정을 비롯한 천인들은 전쟁이란 특수한 상황으로 벼슬길에 오를 기회를 잡을 수 있었다. 벼슬자리 임용, 즉 출사出仕한 백정들 가운데는 차관직인 참판과 같은 고위직에 진출한 자도 꽤 많았다. 임진왜란 때 삼도순변사三道巡邊使 신립申砬을 따라 조령전투에 참가했던 조선 중기의 문신인 신흠申欽, 1566~1628년은 자신의 책 『상촌고象村稿』에 백정의 신분이면서 전공으로 무관이 되어 참판의 품계까지 오른 자들이 셀 수 없이 많다고 기록하고 있다.

•• 이렇게 백정을 비롯한 천인들이 임진왜란 와중에 전공을 세워 고위직에 오르고 있으니, 자기들만이 입신양명할 수 있다고 생각했던 사대부들이 가만있을 리가 만무했다. 아무리 백정들이 전쟁에서 혁혁한 공을 세웠다 해도, 노비와 같은 천류賤流에게는 한품서용법限品敍用法 제도를 적용하자고 떠들어 댄 것이다.

조선시대 한품서용법은 신분과 직종에 따라 품계를 제한하여 벼슬아치를 등용하는 제도이다. 한품의 구애를 받지 않고 종9품에서 정1품까지 올라갈 수 있는 신분은 양반뿐이었

●●

공천公賤과 사천私賤에 대해서는 적의 참수斬首가 1급級이면 면천 免賤시키고, 2급이면 우림위羽林衛, 국왕의 친위부대를 시키고, 3급이 면 허통許通, 지위가 다른 사람이나 집안끼리 서로 교통을 허락함시키고, 4급 이면 수문장守門將에 제수하는 것은 이미 규례規例, 일정한 규칙로 되어 있습니다.

(『선조실록』, 선조 27년 5월 8일)

●●●

적을 참수한 수급이 10~20급에 이르는 경우가 있는데 사목事 目, 공사(公事)에 관하여 정한 규칙대로 논상論賞한다면 사노비와 같은 천인賤人이라도 반드시 동반東班의 정직正職에 붙여진 뒤에 그만 두어야 하니 관직 및 작위爵位의 외람됨이 이보다 더 심한 경우 가 없습니다. 이뿐만이 아니라 재인·백정·장인·산척 등의 천류賤 類라 하더라도 직급을 뛰어넘어 높은 관직에 오르고 있습니다. 바 로 장오돌張吾乭과 같은 무리가 그런 등속인데 여론이 온당하게 여기지 않고 있습니다. 어떻게 해야 하겠습니까? 대신과 의논하여 조처하십시오.

(앞의 책)

다. 기술관은 종3품 당하관堂下官이, 향리鄕吏는 정5품이, 말단 행정 실무에 종사하던 서리胥吏는 정7품이 한품으로 되어 있었다.

•• 　결국 조정 내에서 너나없이 한품서용법을 들먹이는 현실 속에서 군공을 전담하던 군공청軍功廳이 나섰다. 적 1명을 베면 면천, 2명을 베면 국왕의 친위부대, 3명을 베면 서로 다른 지위를 가진 사람이나 집안끼리의 교통을 허락하며, 적 4명을 베어 수문장을 시켜 주는 것까지는 인정할 수 있다는 것이다. 이 규칙은 통상 기존에 적용되고 있었던 것으로써, 군공청은 그 이상의 진급은 불가하며 인정할 수 없다는 입장을 보이고 있다.

••• 　군공청은 또한 천류인 백정 중 직급을 뛰어넘어 높은 관직에 오른 장오돌을 예로 들며, 천인들과 백정들이 전공으로 얻는 진급에 제동을 걸었다. 그들이 문제 삼고 나선 것은 10명 이상의 적을 죽인 자에게는 문신만이 임명될 수 있는 동반東班, 즉 문반의 직종에도 제수할 수밖에 없는 군공과 관련된 법령이다. 이는 곧, 아무리 큰 전공을 세워서도 문신의 직을 주어서는 안 된다고 강변한 것이다.

　그러나 군공에 따라 벼슬을 받은 자들까지도 한품서용하자는 양반들의 오만한 주장은 법령에 위반된다. 더구나 전쟁

●●

이미 등과登科한 뒤에 한품서용하는 것은 사리事理에 맞지 않는
듯하다. 그리고 이런 때전시에 이와 같이 한다면 이들이 싸움에 임
하여 누가 힘을 다해 싸우려 하겠는가.

(『선조실록』 선조 27년 5월 8일)

이란 특수상황에서는 더욱 그러했다. 군공청의 건의 내용에 등장하는 장인은 갖바치 등을 지칭한 것으로 보인다. 산척은 산에 살면서 사냥 등으로 살아가는 사람이다. 추측컨대 장인과 산척도 백정의 또 다른 명칭으로 추정된다. 재인 역시 백정의 한 부류이다.

　●● 이렇게 한품서용을 둘러싼 조정의 의견이 분분했지만 법령상, 그리고 전시라는 특수한 상황에서 결론은 선조의 교시가 그 길을 명확히 하고 있다. 선조는 사실상 모든 관직을 허용하며, 만약 한품서용을 하게 된다면 최선을 다해 전투에 임할 자가 없을 것이라 강변했다.

　구한말의 위정자들 역시 역사적 선례를 잘 알고 있었다. 임진왜란 때 혁혁한 전공을 세운 인물 가운데 백정이 많았다는 사실史實 말이다. 그래서 왕조의 위정자들은 1866년고종3 병인양요丙寅洋擾와 1871년고종8 신미양요辛未洋擾가 일어나자 즉각 백정 출신 사냥꾼을 동원했다. 게다가 그들은 항상 화승총으로 무장하고 있어 바로 전투에 투입할 수 있는 실전부대와 같은 존재이기도 했다. 백정 출신 사냥꾼들은 위정자들이 기대한 대로 임진왜란 때처럼 프랑스군 및 미군을 격퇴하는 데 주력부대의 구실을 충실히 수행했다.

••

그토록 불충분한 화승총을 들고 팔이 닿을 만큼 호랑이에게 접
근하여 쏴 죽이거나 쇠몽둥이로 때려잡는 그들이 비겁자라는 말
을 나는 믿을 수 없다. 호랑이를 때려잡은 직후 그 사람은 권위
앞에 비굴하게 굽실거릴 수도 있다. 그러나 거기에는 다른 의미가
담겨 있다. 조선군은 화승총과 후강포를 가지고 미국 해군과 대
적했으며 미군이 총을 쏘아 그들의 옷을 뚫어도 그가 서 있던 자
리에서 죽었다. 같은 장소에 상륙했다 쫓겨난 프랑스 수병들도
그렇게 생각하지 않았다. 그들은 서툰 전사이고 그들의 무기는
구식이었다.

(W. F. 샌즈 지음/신복룡 역주, 1991, p. 151)

•• 윌리엄 프랭클린 샌즈는 자신의 책 『극동회상사기』에서 두 차례의 양요洋擾 때 백정 출신 사냥꾼의 영웅적인 행위를 묘사하고 있다. 그는, 사냥꾼은 비록 권력자 앞에서 비굴하게 굴었지만 비겁자가 아니라고 강변한다. 미군의 총에 맞아도 자리에서 한 발짝도 움직이지 않고 그 자리에서 죽어간 조선군이었다. 또한 조선인 호랑이 사냥꾼은 낡고 구식인 화승총으로 팔 길이만큼이나 가까이 호랑이에게 다가가 사격하고, 심지어 맹수와 쇠몽둥이로 대적하기까지 하는 사람들이었다. 그런 자들이 샌즈의 눈에 비겁자로 보였을 리가 없다. 또한 그들은 프랑스군과의 전투에선 승리자가 아니었던가. 심지어 조선군에게 패배한 프랑스 수병들조차도 조선군을 비겁자라고 생각하지 않았다. 조선군은 그저 서툰 전사였고 무기가 구식이었을 뿐이었다.

백정 출신 사냥꾼 동원

샌즈는 병인양요고종3 및 신미양요고종8 때 비록 무기는 조잡하였으나 죽음을 불사하면서 맞선 조선군이 백정 출신 사냥꾼이었음을 명확하게 표현하고 있지는 않았다. 곧 알게 되겠지만 병인양요 때 프랑스군을 격퇴한 적이 있는 조선군 부대나,

신미양요 때 미국에 맞서 장렬히 전사한 군사들은 바로 이들 사냥꾼이었다. 이처럼 프랑스군과 미군에 맞서 싸운 조선의 주력부대는 백정 출신 사냥꾼들이었다. 당시 대포 포수砲手, 궁수弓手 그리고 창수槍手로 구성된 정부군은 양요 때 별다른 역할을 하지 못했다.

1866년고종3 무렵, 조선에는 꽤 많은 천주교 신자가 있었으며, 마찬가지로 이교도로 규정된 천주교도를 반대하는 기운 또한 덩달아 높아졌다. 그 결과 9명의 프랑스 선교사와 함께 많은 천주교도가 체포되어 처형당했다. 프랑스는 선교사의 죽음을 구실 삼아 조선과의 통상을 요구하며 강화도를 공격하였는데, 이를 '병인양요'라 한다. 강화도에서 프랑스 군과 맞선 사람은 양헌수梁憲洙 장군이었다.

이후 미국 국적의 상선 제너럴셔먼호가 대동강을 거슬러 올라가 평양에 와서 통상을 요구하자, 관리들이 이를 거절했다. 그러자 이들은 민가를 약탈하고 관리를 잡아 가두는 등 행패를 부렸다. 이에 분노한 평양의 관민官民들이 힘을 합쳐 제너럴셔먼호를 불태워 버렸다. 뒤늦게 이 사실을 안 미국 함대가 1871년고종8 통상을 요구하며 강화도에 침입하였는데 이를 '신미양요'라 한다. 미군은 당시 광성보廣城堡에서 어재연魚在淵 부대의 강력한 저항에 부딪혀 물러나고 말았다.

프랑스는 선교사 학살을 구실로 조선을 침략하기로 결정한다. 병인사옥丙寅邪獄 당시 프랑스 선교사 12명 중 9명은 처형되었으나, 리델Felix Clair Ridel 등 3명은 화를 면했다. 리델은 조선인 신도들의 적극적인 후원으로 탈출에 성공해 청나라 체푸芝罘의 프랑스 극동함대사령관 로즈Pierre Gustave Roze 제독에게 박해 소식을 전하며 보복원정을 촉구하기에 이르렀다.

로즈 제독의 작전 계획을 보고받은 프랑스 해군부는 조선원정을 허락했다. 로즈는 8월 10일양력 9월 18일(이하 음력으로 표기) 군함 3척에 총 200명을 이끌고 강화해협을 거쳐 한강을 거슬러 올라 서울 양화진楊化津·서강西江까지 이르는 수로를 탐사한다. 약 보름 동안 별다른 저지를 받지 않은 채 이루어진 정찰 결과 서울 점령도 가능하다는 판단을 내린 로즈는 아예 정복하기로 결정했다.

병인양요에 관한 프랑스의 해군성海軍省 문서와 외무성 문서는 한국교회사연구소에 의해 「한불관계자료丙寅洋擾, 1866~1867」란 이름으로 번역되어 소개되었다.[19]

로즈 제독은 9월 3일 체푸를 출발해 조선원정에 올랐다. 로즈는 휘하 함대 및 병력만이 아니라 요코하마 주둔군까지

....
[19] 한국교회사연구회, 「교회사연구」 2집, 1979.

총동원했다. 병력 규모는 군함 7척, 해군병력 1,000명, 함재대포 66문이다. 이때 로즈는 리델 신부를 통역으로 삼고 3명의 조선인 천주교도를 길잡이로 삼아 강화도로 향했다.

프랑스군은 9월 6일 군함 4척에 500여 명의 상륙부대를 동원하여 별다른 저항을 받지 않은 채 강화도 북동쪽에 있는 갑곶이甲串鎭을 점령하고 이곳에 야영지를 설치했다. 이어 9월 8일 프랑스군은 조선군의 큰 저항 없이 강화부마저 점령했다. 9월 9일에는 50여 명의 정찰대는 강화도 건너편의 통진부通津府를 약탈한 후 문수산성文殊山城 등 주변 지형을 정탐하고 다음날 갑곶 야영지로 돌아갔다. 사실상 프랑스는 강화해협 일대의 제해권마저 장악했다.

강화도가 점령당했다는 보고를 받은 조선 정부는 9월 8일 훈련도감訓練都監을 중심으로 총사령부격인 순무영巡撫營을 설치하고 순무영의 명의로 프랑스군의 침략을 규탄하고 하루빨리 철군하라고 요구했다. 순무영 대장에 이경하李景夏, 대장을 보좌하면서 모든 실무(전)를 총괄하는 중군中軍에는 이용희李容熙, 순무영 부대장인 천총千總에 양헌수를 임명했다. "그날 즉시 중군 이용희와 천총 양헌수는 선봉이 되어 600명을

●●

서로 견주어 고찰할 일. 지금 서양 오랑캐가 강화도에 불쑥 들어
와서 바야흐로 멋대로 걷잡을 수 없이 퍼져나가고 있다. 그를 막
을 방법은 총수銃手가 많은 것과 같은 것이 없다. 이에 관문關文.
상급 관아에서 하급 관아로 보내던 공문서을 보내니 도내道內 각 고을의
산행포수가 머무는 곳마다 가서 한 사람 한 사람에게 알려줘 스
스로 각자 총을 가지고 오게 하되, 따로 장교를 정해서 명부를
작성하고 밤낮없이 거느리고 와서 순무영에 넘겨야 한다. 아주
작은 소홀함이 있더라도 군법軍法으로 처벌할 것이니, 매우 신속
하게 거행할 일.

(『순무영등록』, 9월 9일)

거느리고 강화도로 출정했다"는 기록[20]에서 볼 수 있듯, 이후 프랑스군에 대한 대응은 순무영이 중심이 되었다.

『병인일기丙寅日記』는 양헌수가 병인양요의 전 과정을 일기 형식으로 기록해둔 책이다. 즉 프랑스 함대의 조선원정이 시작된 9월 3일부터 정족산성에서 프랑스군이 패하고 나서 철수한 10월 26일까지의 50일 동안의 진중일기陣中日記이다.

순무영은 군대 충원에 박차를 가했다. 곧바로 군사를 모집하기 위해 각도에 소모사召募使를 파견했다. 특히 칼 혹은 창으로 무장한 살수殺手, 활과 화살로 무장한 사수射手 중심의 훈련도감 소속 군사가 대부분인 순무영의 입장에서 가장 필요한 병력이 바로 포수砲手였다. 현대식 함포와 소총으로 무장한 프랑스 군대를 맞서 싸우기 위해서는 그에 대응할 수 있는 수준의 병력, 즉 총포를 다루는 포수들이 필요했던 것이다. 그래서 순무영은 경기京畿·황해黃海·강원江原감사에게 산행포수 山行砲手를 동원하라는 전령傳令을 보냈다.

『순무영등록巡撫營謄錄』9월 9일에 실린 이 전령에는 프랑스군과 대적하여 그들을 막을 방법은 총수銃手가 많은 것이 최선이라고 되어 있다. 이것은 총수에 대한 순무영의 기대가 그만

....
20 『병인일기』, 9월 9일.

큼 컸다는 점을 입증해 준다. 그리하여 순무영은 경기·황해·강원감사에게 도내 각 고을의 산행포수를 총동원하여 올려보내라는 전령을 내리게 되었다.

『순무영등록』은 병인양요가 끝난 후 의궤청儀軌廳을 설치해서 순무영과 관련된 자료를 정리한 책이다. 관례상 조선시대에는 왕실과 조정의 국가적인 행사일가 끝난 뒤에는 임시관청인 의궤청을 설치하여 그 일의 전반을 상세히 기록했다.

당시 공식문서들에는 화승총으로 무장한 총수銃手는 흔히 포수砲手로 표기하고 있다. 포수는 관포수官砲手와 사포수私砲手로 구분된다. 이 중 관포수로는 중앙군인 경군京軍으로 편제된 경포수京砲手와 지방군인 향군鄕軍의 향포수鄕砲手로 나뉜다. 관포수와 대비해서 보통 사포수라 불린 집단도 있었는데, 산행포수山行砲手라고도 한다.

산행포수는 산행에서 유래된 용어이다. "세속世俗에서는 사냥獵을 산행山行이라 한다"는 『문종실록』문종 1년 7월 26일의 기록을 보면, 조선시대에는 산행이 바로 사냥의 속칭俗稱이었다. 이는 앞에서도 여러 번에 걸쳐 언급한 내용이다. 화승총은 임진왜란 때에 와서 보급되기 시작된다. 화승총으로 무장한 군사를 일반적으로 포수라 했다. 구한말의 공식문서에 보이는 '산행포수', 즉 사냥포수는 화승총을 사냥도구로 사용하는 사냥꾼을 지칭하는 말이다.

이들 산행포수는 항상 화승총으로 무장하고 있어 동원하면 곧바로 전투에 투입할 수 있었다. 한마디로 전국의 산행포수는 국가 비상상황에 언제든 달려올 실전부대였다. 필요한 상황이 닥치면 즉시에 동원할 수 있는 병력이었던 셈이다. 이는 조선의 군 편제에는 비록 들어 있지는 않은 비非 정규의 병력이었으나 국가상황에 따라 동원할 수 있는 수준의 '예비 병력' 정도로 간주되고 있었음을 알 수 있다. 게다가 산행포수, 즉 사포수들은 맹수를 두려워하지 않고 근접하여 총을 쏘아 사살시킬 만큼 아주 용감했으며 사격솜씨까지 탁월했다.

당시 위정자들 또한 산행포수들이 이처럼 전사로서 출중한 자질을 가지고 있어 나라의 위기상황에 늘 큰 역할을 해왔음을 잘 알고 있었다. 위기상황이 닥칠 경우 언제라도 이들을 동원했음을 알 수 있게 하는 대목이다. 임진왜란 때 혁혁한 전공을 세운 인물 들 중 백정이 많았다는 사실史實 말이다. 이래서 순무영에서는 프랑스군이 침략해오자 즉시 각도의 관찰사에게 각 고을의 사포수들을 동원하라는 명령을 내린 것이다. 전례나 유례가 없었던 게 아니라, 실제 그럴 만한 상황이 오면 사냥에 나서는 백정들이 자신들의 총포를 휴대한 채 전장으로 뛰어들었다는 얘기와 다름없다.

●●

도내道內의 강계포수江界砲手는 본시 사격술이 뛰어나고 감·병영 監兵營 및 모든 산군山郡 역시 반드시 좋은 포수가 적지 않을 것 이니, 관포수官砲手와 사포수私砲手를 분간하지 말고 그중에서 총 잘 쏘는 자 1천 명을 뽑아서 아주 빨리 순무영으로 올려 보내라.

(「순무영등록」, 9월 9일)

●●●

왜 이 나라조선가 이토록 황폐한가에 대한 이곳 사람들의 설명은 참으로 한국적이다. 그들의 말에 따르면 가능한 한 외국 사람들 을 낙담시키기 위해 연안은 황폐하게 되었으며 내륙에는 호랑이 를 몰아내기 위해 숲을 불살랐고 언덕은 그 정상에 있는 토양이 씻겨내려 오래도록 헐벗겨 있었다.

(W. F. 샌즈 지음/신복룡 역주, 1999, pp. 41~42)

•• 　사실 순무영이 기대했던 포수는 평안도와 함경도 출신이 었다. 따라서 순무영에서는 평안·함경감사에게 각각 관포수 와 사포수를 가리지 말고 무려 1천 명이나 되는 포수를 동원 하라고 지시했다. 특히 강계를 비롯한 산악지대에 있는 산군 을 지목했는데, 이곳에서 활동하던 사포수, 즉 산행포수를 선 발해서 보내라는 전령을 보낸 것으로 보인다.

　병인양요 및 신미양요 때 조선의 주력부대는 참전한 미군 들이 '호랑이 사냥꾼들Tiger Hunters'이라고 명명한 포수, 총을 개인적으로 휴대하고 산행을 다니면서 호랑이 등을 포획하던 백정 출신의 '조선 예비 병력'이었다. 정확히는 사포수 혹은 산 행포수다. 당시만 해도 그만큼 한반도에 호랑이가 꽤 많이 서 식하고 있었고, 이들의 뒤를 쫓아 결국 총포로써 사살해 생계 를 이어가던 백정 출신의 사냥꾼들이 다수였음을 알 수 있다.

••• 　한반도에 호랑이가 얼마나 많이 살았는지에 대해서는 샌 즈의 회상기를 다시 한 번 돌아볼 필요가 있다. 구한말 조선 에 입국한 샌즈는 제물포에 첫발을 내딛고 서울까지 이르는 여정에서 조선의 황폐한 내륙지대를 직접 목격했다. 더욱 놀라 운 것은 호랑이를 몰아내기 위해 숲을 불살라 버려 그렇게 되 었다는 조선 사람들의 설명이었다.

　숲에 불을 질렀다는 증언과는 달리, 연안지대가 황폐화된

●●
일본인들은 살아 있는 호랑이의 발톱과 가죽을 갈망하는 것처럼 보이지 않는다. 그러나 그들은 원산에 있는 그들의 수입상을 통해 이들을 사들이기를 좋아한다. 원산에서 1년간에 걸쳐 평균 거래되는 이 비싼 생가죽의 수확량은 500개 정도이다.

(W. E. 그리피스 지음/신복룡 역주, 1999, p. 417)

이유는 아마 소금 생산에 필요한 원료를 확보하기 위해 나무를 너무 많이 베어버린 탓도 있을 것이다. 당시만 해도 1차로 햇볕에 증발시킨 바닷물을 가마솥에 채운 뒤 끓여 완전히 증류시키는 방식으로 소금煮鹽, 자염을 제조했으니, 그만큼 나무가 많이 필요했다. 외국인에게 필요한 자원이 조선에는 아무것도 없으니 관심조차 갖지 말라는 얘기가 바로 조선인들의 외국(인)에 대한 공포심의 한 단면일지 모른다. 잦은 외국의 침탈 및 침략, 심지어 청일전쟁처럼 자기들끼리의 전쟁마저 버젓이 한반도에서 벌였을 정도였으니, 그 조선인들의 공포심이야말로 말로 표현할 수 없을 만큼 가공할 만한 수준이었을 게다.

물론 호랑이로 인한 인명 피해를 예방하기 위한 수단으로 일부러 숲에 불을 질렀고, 수풀을 없애 그 먹잇감이 되는 짐승들을 줄여 인명 및 가축 피해를 예방하는 효과도 얻을 수 있었다. 달리 보자면, 이런 극약처방으로 국토가 황폐화되었을 정도로, 한반도에 호랑이가 많이 살았음을 알 수 있다.

●● 또 다른 예로 당시 일본 체류 중이던 윌리엄 엘리엇 그리피스Wiliam Eliot Griffis의 회고를 들 수 있다. 그는 개항장 중 하나인 원산元山에서 활동하고 있던 일본인들의 증언을 토대로, 원산의 호랑이 가죽 거래량만 해도 연간 무려 500장 정도라고 밝히고 있다. 원산에서만 이처럼 많은 호랑이 가죽이 거래될

●●

본읍本邑에서 평소 사격술이 좋다고 일컫는 자는 관포수와 사포
수를 가리지 말고 일일이 소집하되, 각기 항시 사용하는 자기의
총과 화승火繩을 지참하게 하고 명부를 작성해서 장교를 정해 거
느리고 와서 순무영에 넘겨야 한다.

(『순무영등록』, 9월 9일)

정도라면 조선에 호랑이 개체수가 상당히 많았음이 분명하다. 또한 원산지역의 호랑이 가죽 거래량이 이 정도라면 그만큼 산행포수가 많았다는 뜻도 된다. 위정자들도 이런 정보를 잘 알고 있었기 때문에 1천 명의 포수를 차출해서 순무영으로 보내라고 함경도 감사에게 지시한 것이다.

•• 감사를 통하지 않은 채 순무영에서는 직접 서울 인근인 경기·강원도의 고을 수령들에게 전령을 보내 사격술이 뛰어난 자이면 관포수와 사포수를 가리지 말고 동원하라고 명령하기도 했다.

한편, 로즈 제독은 서울에서 온 천주교도로부터 2~3천 명의 조선군이 반격해 올 것이라고 보고받았다. 그는 이에 대비하기 위해 9월 18일에 120명의 프랑스군을 문수산성으로 파견하여 주변 해안의 정찰 임무를 맡겼다.

문수산성은 프랑스군의 주둔지인 갑곶을 한눈에 내려다 볼 수 있는 전략적 요충지였다. 프랑스군은 상륙과정에서 이곳에 매복해 있던 한성근韓聖根과 그가 지휘하는 조선군 50명의 습격을 받아 3명이 죽고 3명이 부상당했다.[21] 프랑스군 입장에서는 조선을 침략한 이래 최초로 희생자가 발생한 것이

....

21 한국교회사연구회, 「교회사연구」 2집, 1979, p. 244.

●●

출정군出征軍 중 보병 5초哨이고 마병은 3초에 불과합니다. 설령 이 모두가 총에 능한 자라도 부족한데, 그중 총수銃手는 1/5을 차지합니다.

(『순무영등록』, 9월 19일)

●●●

우리 고을本州 경내境內에 거주하는 산행포수 7명이 자기 총을 지참하게 해서, 별도로 장교를 정해서 함께 영송領送합니다.

(앞의 책)

관동關東, 강원도여러 고을幾邑의 산행포수 3백70명이 도착했다.

(『병인일기』, 9월 20일)

●●●●

평안도 감영 내에서 선발한 정예 포수 63명을 평안감영의 훈련영장訓鍊領將 전첨지前僉知 조규환趙奎煥과 전만호前萬戶 노태정盧泰錠이 거느리고 갑니다.

(『순무영등록』, 9월 27일)

다. 당시 순무영 초관哨官인 한성근이 이끈 부대는 모두 포수로 구성되었다. 초관은 100인 단위의 병사집단인 초를 통솔하던 종9품 관직이다.

•• 　한성근 부대가 프랑스군과 대치하여 승리했다는 소식 때문인지 선봉장인 순무중군 이용희는 포수의 필요성을 더 더욱 절실히 느꼈던 것 같다. 그는 자신의 휘하 군사 가운데 포수는 1/5에 불과하다고 불평하면서 최소한 포수 300명의 충원이 있어야 한다고 요청했다. 때마침 각 고을에서 보낸 포수들이 순무영에 속속 도착했다.

••• 　9월 19일, 여주목사驪州牧使가 스스로 휴대한 총으로 무장한 산행포수들을 보내왔다. 또한 9월 20일에는 강원도 지역의 산행포수 370여 명이 순무영에 도착했다. 현지 사령관인 이용희는 자신이 요청했던 산행포수들이 도착하는 대로 이들을 선봉진의 주둔지인 통진부에 보내 주요 요충지에 매복시켰다. 이같은 매복전술은 문수산성 전투에서 성과를 낸 방법이었다.

•••• 　이렇게 하여 선봉장 이용희는 승리의 전제 조건으로 자신이 요구했던 300명 이상의 지방 포수들을 충원할 수 있었다. 특히 9월 27일에는 훈련영장 전첨지 조규환과 전만호 노태정이 순무영에서 고대하던 평안도 출신 포수 63명과 함께 도착했다. 하지만 프랑스군이 강화도 일대의 제해권을 완전히 장

••

양헌수가 5백의 군사를 거느리고 광성진을 몰래 건너 (정족산성
에) 들어가 의거하여 굳건히 지키고 있다가, 양쪽에서 기회를 봐
서 적의 소굴강화부로 진격할 생각이었다.

(「순무영등록」, 10월 2일)

악하고 있었기 때문에 바다를 건너기 어려웠다.

프랑스군을 물리치다

순무영 천총 양헌수는 적의 감시를 피해 강화해협을 건너 정
족산성에 집결한 후 반격의 기회를 노리기로 했다. 정족산성
은 지세가 험하고 접근로는 동남쪽으로 두 길만이 트여 있는
천혜의 험지險地이었다. 일단 그는 포수 367명을 비롯하여 500
여 명의 군사를 선발했다.[22] 마침내 양헌수는 군사를 이끌고
10월 1일 달도 없는 한밤중에 해협을 건너 정족산성에 포진하
는 잠도작전潛渡作戰에 성공했다.[23]

    양헌수가 강화도 남쪽에 있는 정족산성에 거점을 마련한
것은 자신의 부대가 남쪽에서 강화부를 공격하면 선봉진의
주력군이 서북쪽에서 공략하게 하는 협공전략 차원에서 이루
어진 것이었다. 전략적으로 유리한 지점을 먼저 선점코자 감행
한 야간이동작전이었던 셈이다.

    한편, 조선군이 전등사에 잠입했다는 리델의 보고를 받은
로즈 제독은 10월 3일 올리비에Olivier 대령에게 정족산성을 공

---

[22] 『병인일기』, 9월 28일.
[23] 『병인일기』, 10월 1일.

격하게 했다. 몇 차례의 전투 경험상, 조선군의 무기가 쓸모없는 노후한 무기임을 알고 있던 올리비에는 150명의 분견대를 이끌고 야포 없이 경무장한 채 공략에 나섰다.[24] 강화읍에서 정족산성까지의 거리는 대략 18㎞인데, 그 길은 산길로서 야포를 끌고 가기는 사실상 불가능했다.

양헌수는 화력 면에서 절대 열세인 조선군이 프랑스군을 격파하는 데는 비상한 작전을 동원해야 한다고 판단했다. 정규전 방식에 따라 프랑스군에 대응할 경우 엄청난 화력의 불균형성을 극복하기 어렵다는 점을 그는 이미 너무 잘 알고 있었던 것이다. 그는 문수산성 전투의 선례에 따라 포수들을 매복시켰다가 일제히 사격하게 한 것이다. 주력인 포수는 남문 및 동문에 각각 161명과 150명을 집중 배치했다.[25] 정족산성 지형 상 프랑스군이 공격해올 수 있는 곳은 남문과 북문이었기 때문이다.

이 정족산성 전투에서 프랑스군은 양헌수가 이끄는 조선군에 대패를 당하는 수모를 겪었다. 『고종실록』고종 3년 10월 3일에는 당시 벌어진 정족산성 전투상황과 전과를 공문서답게 매우 무미건조하면서도 간략하게 기술하고 있다. 이 기록은 양

---

24 한국교회사연구회, 『교회사연구』 2집, 1979, pp. 245~246.
25 『병인일기』, 10월 3일.

오늘 지키고 있는 성을 특별히 점령할 계책으로 저들의 두령이 말을 타고 나귀를 끌고 짐바리와 술과 음식을 가지고 와서 동문과 남문 양쪽 문으로 나누어 들어올 때 우리 군사들이 좌우에 매복했다가 일제히 총탄을 퍼부었습니다—齊放砲. 저들은 죽은 자가 6명이고 아군 사망자는 1명입니다. 적들은 도망치면서 짐바리와 술, 음식, 무기 등을 모두 버리고 갔기 때문에 거두어 보관해 두고 있습니다. 훗날 자세히 조사하여 기록하여 보고하도록 하겠습니다.

(『고종실록』, 고종 3년 10월 3일)

각지에서 군사들이 모여들었다. 그중에는 북부지방에서 온 8백 명의 호랑이 사냥꾼Tiger Hunters 부대가 있었는데, 이들은 활을 쏘든, 총을 쏘든 일발필살의 사격술을 가지고 있었다. 이들은 일찍이 호랑이와 대적하여 눈도 끔적하지 않은 사람들이었다. 그들은 강화도의 한 요새화된 절전등사을 수비했다. 그 절은 언덕으로 둥글게 둘러싸인 계곡에 자리 잡고 있었으며, 주위에는 부착물을 사용하지 않고 쌓은 석성정족산성이 둘러 서 있었다. ……이 정보가 프랑스 제독에게 전달된 같은 날에 조선 군사들이 프랑스의 전초선前哨船을 공격하자 제독은 즉시 그 사원을 점령하기로 결심했다. 이러한 목적을 수행하기 위해 그는 160명의 군사를 파견했다. 그들은 대포도 없이 말 등에 점심을 실은 채 (양력) 10월 27일 오전 6시에 막사를 출발했다. ……그들은 3개의 대오로 나뉘어서 성문 앞 3백 야드까지 접근했다. 주위는 죽은 듯이 조용했다. 갑자기 성벽 전체에서 번쩍이는 불빛이 보였지만 검은 머리나 흰 도포 자락 하나 보이지 않았다. 순식간에 프랑스군의 대오는 뿔뿔이 흩어지고 자기의 위치를 지키는 병사는 한 사람도 없헌수의 보고를 그대로 베껴 옮겨 놓은 것이다.

••   기록에 따르면, 양헌수는 프랑스군이 정족산성의 동문과 남문으로 공격해올 것으로 예상하고 있었다. 그래서 동문과 남문에는 포수들을, 서문과 북문에는 궁수와 살수로 구성된 경군과 향군을 배치해 둔 것이다. 프랑스군이 그의 예견대로 동문과 남문으로 공격해오자, 그곳 좌우에 매복하고 있던 포수들이 일제히 사격을 가해 프랑스군을 물리쳤다.

•••   그리피스는 병인양요의 최후 결전이 된 정족산성 전투 상황 및 전과 그리고 백정 출신 사냥꾼들의 활약상에 대해서, 비록 장황하지만 생동감 있게 서술해 두었다. 그동안 너무 쉽게 많은 승리로 정신력이 해이해진 프랑스군은 대포도 없이 경무장한 채 정족산성을 공격하다가 호랑이 사냥꾼들, 즉 산행포수들의 매복공격에 속수무책으로 당하고 말았다. 단 한 번의 전투에서 프랑스 원정군의 분견대는 30여 명이 부상을 당하는 치명적인 패배를 맛본 것이다. 한마디로 조선의 군인을 우습게보았던 탓도 있었으리라.

    물론 그의 글에는 부정확한 정보도 포함되어 있다. 이때 전투에 참전한 호랑이 사냥꾼들은 '북부지방에서 온 800명의 호랑이 사냥꾼 부대'라는 것이 그러하다. 사실 북부지방, 즉 평안도와 함경도 출신 포수들은 거리가 멀어 늦게 도착해었다. 총알 세례를 받으며 퇴각한 프랑스군들은 바위 뒤, 노적가리 그리고 그 인근의 오두막집에서 몸을 피했다. ……부상병들은 후미로 호송되었다. 부상병의 수는 32명이었다. 이제 80명만이 남았다.

(W. E. 그리피스 지음/신복룡 역주, 1999, pp. 493~494)

●●

어제 패배한 적들이 오늘 틀림없이 기승을 부리며 발광할 수 있기 때문에 더욱더 엄하게 경계를 세우고서 기다리고 있습니다. ……유격장遊擊將 최경선崔經善과 홍석두洪錫斗는 평안도 포수 93명을 거느리고, 병조 좌랑 한성근韓聖根은 황해도 포수 50명을 거느리고 무사히 진에 도착함으로써 약간이나마 군심軍心을 안정시키고 있습니다만 아직도 중과부적衆寡不敵의 근심이 있습니다.

(「고종실록」, 고종 3년 10월 5일)

●●●

도무지 오합지졸이라서 기고旗鼓, 전쟁터에서 쓰는 기와 북을 아울러 이르는 말로, 군대를 지휘하고 명령하는 데 씀의 절제와 나아감만이 있고 물러남이 없다는 의意가 있다는 것조차 알지 못하는 부류였다.

(「병인일기」, 10월 1일)

서 실전에는 배치되지 못했다.

●● 『고종실록』고종 3년 10월 5일에 있는 양헌수의 보고를 살피면, 평안도 포수 중에서 가장 먼저 순무영에 도착한 90여 명이 전투가 끝난 직후 정족산성에 도착했다는 것을 알 수 있다.[26] 더구나 함경도 포수는 프랑스군이 철수할 때까지 서울에 도착하지도 못했다. 정족산성 전투에서 전공을 세운 이들 포수는 지방 관아에 소속된 관포수, 즉 향포수가 아니라 산행포수가 대부분이었다. 그리피스의 표현에 따르면 호랑이 사냥꾼들이 바로 이들이다.

●●● 지방관이 동원한 이들 향포수는 병법이나 전술에 있어 오합지졸烏合之卒이었다. 과거의 전투는 지금처럼 통신이 발달하지 못한 상태에서 치렀다. 따라서 북소리를 듣고 앞으로 나아갔고, 장수가 머무는 지휘탑에서 흔드는 깃발을 보고 물러날 때를 짐작했다. 그런 깃발과 북의 엄격한 군율을 아무것도 파악하지 못한 채 전장에 나서면 그야말로 오합지졸이 아니고 무엇이었겠는가. 지나치게 아무것도 모르다 보니 전투에 있어 제 멋대로 퇴각해서는 안 된다는 기본적인 기강도 갖추지 못한 무지렁이들이었다. 때문에 『순무영등록』9월 24일에 따르면,

....

26 『병인일기』, 10월 3일.

호랑이 사냥꾼의 프랑스군 및 미군 격퇴 | **297**

●●

순무영에서 "강원도 포수 19명이 정족산성으로 이동할 때에 어두운 밤을 이용하여 갑옷과 무기를 버리고 도망쳤으므로 본 순무영에서 체포하고 효수梟首하여 여러 사람들을 경계시켰습니다"라고 아뢰었다.

(『고종실록』, 고종 3년 10월 18일)

9월 21일 순무영에 도착한 강원도 포수 137명은 통제를 할 수 없는, 또는 그런 통제의 틀이 전혀 없는 무제지졸無制之卒이어서 선봉진에서 새로 훈련시켜야만 했다.

•• 심지어 강원도 포수 중 손돌목에서 비밀리에 바다를 건너는 잠도潛渡작전을 시행할 때 19명이 도망쳐 교수형에 처해지기까지 했을 정도이었다. 강원도 각 고을에서 차출된 관포수를 비롯한 지방군의 향포수는 양헌수의 증언대로 그야말로 오합지졸이었다. 규율이란 찾아볼 수 없었으며, 가장 기본에 해당하는 나아감과 물러섬의 진퇴에 관한 신호조차 이해하지 못했던 병력이었던 셈이다.

이렇게 프랑스군과의 최후의 결전에서 활약했던 포수들은 대부분 경기·강원도의 사냥꾼들이었으며 일부 황해도 출신도 있었다. 「문수산성정족산성 접전시 장관 이하 별단文殊山城鼎足山城接戰時將官以下別單」이라는 명의의 문수·정족산성 전투 전공자 명단이 『비변사등록備邊司謄錄』고종 3년 10월 24일에 실려 있다. 이 중 정족산성 전공자 가운데 훈련도감 소속 군사를 제외하면 대다수 경기도를 비롯한 강원·황해도 출신 포수였다.

비교적 많은 인원이 참전한 고을(인원수)로는 철원鐵原 14, 금성金城 10, 가평加平 6, 영평永平 7, 여주驪州 7, 양주楊州 9, 포천抱川 7, 광주廣州 9, 양근楊根 18, 회양淮陽 8, 춘천春川 33, 평강平康

7, 횡성橫城 7, 홍천洪川 7, 이천伊川 13 등이 있었다. 이밖에도 죽산竹山 2, 음죽陰竹 1, 안성安城 3, 장단長湍 4, 남양南陽 2, 통진通津 1, 금화金化 2, 원주原州 3, 양구楊口 4, 인제麟蹄 3, 해주海州 1, 신천信川 2, 문화文化 2, 연안延安 3 등의 고을도 있다.

그러나 이들의 공로는 뚜렷했다. 비록 기본적인 군율조차 이해하지 못한 상태로 대열에 합류해 싸움에 나섰지만 이들은 어쨌든 자신들의 무기를 휴대하고 멀리서 강화로 옮겨 와 서울을 넘보던 '오랑캐'에게 치명적인 공격을 퍼붓는 데 성공했다. 조선을 정복한다는 거창한 목표를 내세웠던 프랑스군은 호랑이 사냥꾼들에게 일격을 당한 후 10월 5일양력 11월 11일 한 달가량 점령한 강화도에서 서둘러 철수했다. 이 과정에서 프랑스군은 외규장각 등을 파괴하고 외규장각 도서 340권, 은괴 19상자 등 귀중한 문화재를 약탈해 갔다.

미국 함대가 몰려오다

병인양요 바로 직전에 미국 국적의 상선인 제너럴셔먼호 사건이 발생했다. 이 상선은 1866년고종 3 7월 24일 불태워졌으며, 승무원 24명 전원이 죽음을 당했다. 셔먼호 사건으로 인해 미국은 조선에 적극적인 관심을 기울이게 되었다. 1866년 12월 미

국은 사건 발생의 진상을 탐문하는 정찰원정을 단행했다. 이 듬해 3월에도 제2차 탐사를 강행했다. 이때 조선 수비군이 미 탐사선에 포격을 가한 사건이 발생했는데, 두 차례의 정찰을 토대로 미국은 대조선 교섭계획을 수립했다.

1870년고종 7 3월 미 정부는 청나라 주재 미국공사 로우F. F. Low를 조선원정 전권공사에 임명하고, 로저스John Rodgers 아시 아함대 사령관이 수행 호위토록 했다. 같은 해 10월 북경北京 에서 열린 로저스 제독, 로우 공사, 시워드G. F. Seward 상해총영 사 간의 회의에서 원정계획이 확정되었다. 아시아함대는 일본 나가사키 항에서 출항하여 조선원정에 나섰는데 군함 5척에 병력 1천2백여 명이었다.

마침내 1871년고종 8 4월 4일 아시아함대는 작약도与藥島를 정박기지로 삼아 정박했다. 이후 양측 하급 관리 간에 몇 차 례 접촉이 있었지만, 조선의 책임자가 권한이 없는 하급관리인 만큼 협상에 진척이 있을 리 만무했다. 더 이상 참지 못한 로 우 공사는 4월 13일 서기관을 통해 조선 측에 강화해협을 탐 사하겠다고 일방적으로 통고했다.

통보한 그 다음 날 블레이크Homer C. Blake 중령이 이끄는 탐 사 함대가 손돌목에 이르렀을 때, 강화도 수비대는 침략행위 로 간주하여 포격을 가했다. 이른바 손돌목 포격사건이 발생

한 것이다. 약 2백 문門의 대포가 동원되어 집중 포격했지만 미
군 함정에 치명적인 타격을 주지는 못했다.

미군은 이때 조선의 병기가 아무 쓸모없는 노후한 무기임
을 확인했다. 조선군이 보유한 포는 후장식後裝式 대포이고 대
부분 구경口徑이 1인치 내지 1인치 반 등 소구경포였다. 대포의
길이가 약 1, 2미터이고 화약통에 화약을 장전해 신관信管에
불을 붙여야 발사되었다. 게다가 대포는 통나무 포좌砲座에
고정되어 있어 기동성이 없었으며, 포탄도 터지는 것이 아니라
목표물을 명중시켜 타격하는 것으로 미군의 무기에 비해 졸렬
하기 짝이 없었다

포격사건 직후 로우 공사는 조선 정부에 10일 내로 포격에
대한 사죄와 보상을 하지 않으면 보복 응징하겠다는 편지를
전달했다. 조선 왕조는 미군 함대가 허락 없이 국방상 요새
관문關門인 강화해협을 탐사한 것은 침략행위라고 규탄하면서
미국 측의 요구를 일축해버렸다.

협상 교섭이 결렬되자 로우 공사와 로저스 제독은 미리 정
해놓은 4월 23일 강화도 상륙작전계획을 단행하기로 했다. 약
600명으로 이뤄진 상륙부대는 블레이크 중령의 지휘 하에 초
지진草芝鎭 상륙작전을 감행했다. 또한 상륙작전의 일환으로
상륙부대를 지원하기 하기 위해 함재대포를 동원하여 초지진

●●

미국 모노카시호와 기정汽艇에서 일제히 상륙작전을 엄호하기 위하여 초지진에 대한 함포사격을 감행했기 때문에, 조선 요새지는 상륙해 오는 미국에 대해서 방위포격防衛砲擊할 수 없었다. 초지진의 조선 수비병은 함포사격을 피해 (초지진 성 밖의) 관목 숲과 들판으로 달아나면서, 몇 번 멀리서 총격을 가해 왔다.

(김원모, 「근대 한미교섭사」, 홍성사, 1982, p. 428에서 재인용)

성채에 융단폭격을 가했다.

　●●　미군은 이때의 함포사격으로 조선군이 거의 도주하고 없는 초지진을 사실상 무혈점령할 수 있었다. 이러한 사실은 당시 미국 해병대를 이끌고 있던 틸톤Mclane Tilton 대위가 작성하여 해군 장관에게 제출한 「조선원정에서의 아시아함대 소속 해병대의 역할에 대한 보고문」에서 확인할 수 있다.

　　초지진에서 하룻밤을 야영한 후 미군은 다음 날 별다른 전투도 벌이지 않은 채 덕진진德津鎭마저 점거하고 광성보 점령 작전에 들어갔다. 당시 강화도 초지진·덕진진·광성보에는 조선 수비병 3천여 명이 배치되어 있었다. 어재연魚在淵 장군이 이끈 광성보 주둔군을 제외한 강화도 수비대는 미군에 거의 피해도 입히지 못한 채 패퇴敗退하고 말았다. 광성보에는 호랑이 사냥꾼 수백 명을 비롯한 1천 명의 조선 수비대가 수비하고 있었다.

　　조선군은 수적으로 우세했지만 실전 경험이 없는 오합지졸이었다. 무기 역시 낙후했다. 대포는 구식이었으며, 소총으로는 화승총만 있을 뿐이었다. 화승총은 표적을 향해 조준하고 있는 동안 다른 한 사람이 어깨 위에서 총신을 붙잡고 있어야 했으며, 다시 장전하고 나서 불을 붙인 심지가 다 타야 발사되는데 그 시간이 꽤 소요된다. 사정거리도 미군의 소총

••
광성보를 함락함에 있어서 미군에겐 힘겨운 것이었다. 이곳은 강화의 제진諸鎭 가운데 가장 요충지이기 때문에 조선 수비병은 결사적으로 싸웠다. 더군다나 이 성 안에는 범 사냥꾼Tiger Hunters이 있었는데, 만약 이들이 적이 두려워서 도망간다면 조선 백성들에게 죽음을 당하기 때문이다. ……미군은 각면보角面堡 여러 방면에서 오는 적을 막거나 공격하는 데 적합하게 다각형으로 각이 지게 만든 보루변(邊)로 고함을 질러대며 돌진했다. 탄우彈雨가 미군 머리 위로 쏟아졌으나, 미군은 재빨리 성벽 위로 기어 올라갔다. 조선군은 갈아 넣을 시간 여유가 없었다. 그들은 흉장胸牆, 성곽이나 포대(砲臺) 따위의 중요한 곳에 따로 쌓는 담으로, 사람의 가슴 높이만한 담으로 기어 올라와서 돌을 던져 미군의 진격을 저지하려 했다. 그들은 창과 검으로 공격했다. 그러나 대부분 무기도 없이 맨주먹으로 싸웠는데, 모래를 뿌려 미국 침략군의 눈을 멀게 하려 했다. 그들은 끝까지 항전하였고, 수십 명은 탄환에 맞아 강물 속으로 뒹굴었다. 부상자의 대부분은 해협으로 빠져 익사했다. 어떤 자는 목을 찔러 자살하거나, 스스로 강물에 뛰어들었다.

(앞의 책, p. 324 슬레이 소령의 회고 중)

이 500여 보步인 데 비해 100여 보에 불과했다.

반면 미군은 남북전쟁 경험이 있었다. 무기 또한 대포, 야포, 사격 후 바로 장전하여 쏠 수 있는 래밍턴 소총 등 당시로서는 최신 무기들이었다. 또한 함포를 탑재한 증기동력선도 보유하고 있었다. 광성보 전투 당시 주력부대인 육전보병대를 이끌고 참전했던 슬레이W. S. Schley 해군 소령은 신미양요 때 최후의 결전이 된 광성보 전투에서 보여준 조선 수비대의 결사항전에 대해 아주 실감나게 회고했다.

그의 회고에 따르면, 미군은 해상에서 함재대포를 이용하여 광성보를 향해 집중 포격을 퍼부었다. 상륙부대의 포병대도 야포를 동원해서 포격을 가했다. 수륙양면의 무자비한 폭격 속에서도 호랑이 사냥꾼을 비롯한 조선 수비대는 제 위치를 사수하려고 처절하게 버텼다. 긴 끈에 불을 붙여 발사하는 화승총은 한 번 쏜 뒤에는 탄약을 재장전해서 다시 불을 붙여야 했던 까닭에 소용이 없었다. 총을 재차 발사할 기회가 없어 미군 상륙부대와 육탄전으로 맞서 싸우다가 장렬하게 전사할 수밖에 없었다. 그중 일부는 포로로 잡혀 고초를 당하지 않으려고 스스로 목을 찌르거나 해협에 뛰어들어 자결을 택했다. 슬레이는 호랑이 사냥꾼이 이처럼 집중포화 속에서 제 위치를 고수한 채 미군에 맞서 싸운 것은 사후 처벌을 두

●●

조선 수비병들은 호랑이처럼 용감하게 싸웠는데, 이는 강화도의
모든 요새를 수비하고 있는 조선 장병將兵은 자기 진지가 실함失
陷되면 누구를 막론하고 참수된다는 말을 조선 국왕으로부터 들
었기 때문이다.

(앞의 책, p. 421 틸톤 대위의 편지 중)

●●●

우리는 수초 동안 실로 짜증날 정도로 괴로운 집중포화를 받았
던 것이다. ……이제 (수륙)양면으로부터 갑자기 포격이 개시되었
는데, 우리 장병은 공격 자세를 정비하자 성채에 대한 포격은 열
도熱度를 더해 갔다. ……그동안 조선 진지로부터 '침울한 노래
소리'가 들려왔다. 그들의 임전태세는 대단히 용감한 것처럼 보였
고, 조선 수비병은 아무런 두려움 없이 흉장 위로 상체를 노출시
킨 채 항전하고 있었다. 미군 소부대는 가파른 협곡을 내려가면
서 광성보로 일보일보 접근해 들어갔다.

(앞의 책, p. 431)

려웠기 때문이라 생각했다.

그러나 그것은 엄연히 편견에서 비롯된 것이다. 편견에서 비롯된 이러한 소문은 미군들 사이에는 널리 퍼져 나갔다. 틸톤은 그의 아내에게 마지막까지 제 위치를 지키며 죽어 간 조선 수비병의 이야기를 편지에 담아 보내기도 했다.

사냥꾼 부대에 경의를 표한 미군

당시 해병대를 지휘한 틸톤 대위는 해군 장군에게 제출한 보고서에, 호랑이 사냥꾼을 비롯한 조선군의 전투행위에 대해서도 비교적 담담하게 기술해 두었다. 조선의 수비병들은 지휘관의 오판 때문에 사정거리 밖에 있는 미군을 향해 사격한 후 재장전할 시간적 여유가 없었다. 그러자 이들, 즉 호랑이 사냥꾼들은 죽음을 무릅쓴 채 육탄전으로 맞서며 미군의 침략을 막기 위해 강렬히 저항했다는 것이다. 당시 이런 정황에 대해 비교적 자세하게 증언해준 인물이 바로 그리피스이다. 1871년 고종 8 당시 일본에 체류하고 있던 그는 신미양요의 사태 추이를 예의 주시하고 있었다. 그는 자신의 책 『은자의 나라 한국』에서 광성보 전투 때 호랑이 사냥꾼의 영웅적인 행위를 실감나게 묘사하고 있다.

●●

……그 요새光城堡는 모든 다른 요새들의 관문과 같은 곳이기 때문에 성 안의조선 군사들은 자기의 위치를 사수해야만 했다. 그 요새에는 호랑이 사냥꾼들Tiger Hunters이 지키고 있었다.……모든 준비가 끝나자 미군들은 장교들이 앞장을 선 채, 소리치며 각면보角面堡를 기어올랐다. 미군의 머리를 향해 총알이 비 오듯 쏟아졌지만 미군들은 너무도 신속히 성벽을 향해 진격했기 때문에 수비대는 자신의 총에 화약을 밀어 넣고 장탄할 겨를이 없었다. 그들의 화약은 너무도 천천히 타들어갔기 때문에 날쌘 양키들을 맞출 수가 없었다. 낙심한 호랑이 사냥꾼은 무엇보다도 흉내 낼 수 없는 으스스한 음률로써 전송가戰送歌를 불렀다. 그들은 난간에 올라서서 용맹스럽게 싸웠다. 그들은 미군에게 돌멩이를 던졌다. 그들은 창과 칼로써 미군을 대적했다. 손에 무기가 없는 그들은 흙가루를 집어 침략자에게 던져 앞을 보지 못하게 했다.

(W. E. 그리피스 지음/신복룡 역주, 1999, p. 531)

●●●

이 가파른 언덕길을 향해 미군들은 수비대의 총구를 정면으로 바라보면서 쳐들어가려 했다. 흰 전포를 입은 조선의 군사들이 하향조준으로 장탄만 할 수 있다면 푸른 제복의 미군을 박멸할 것임이 틀림없다.……전에 있었던 경우와 마찬가지로 조선 사람들의 지체성, 즉 매사를 한발 늦게 서두르는 그들의 민족성으로 인해 미군은 생명을 건졌고, 조선 군사들은 기회를 잃었다.

(위와 같음)

•• 　미군의 최신 무기가 보여주는 엄청난 공격력 앞에서 조선
군은 처절한 패배를 당해야만 했다. 그것은 그리피스가 말하
는 대로 조선군이 갖고 있던 화승총이 1차 발사한 후 다시 재
장전할 시간적 여유가 없을 정도로 낡고 뒤떨어진 것이 가장
큰 이유였다. 그러나 조선군은 속수무책으로 진격해오는 미
군을 향해 돌멩이라도 들어 맞서는 용감함을 보였다. 창과 칼
이 있는 자는 창과 칼로, 돌멩이조차 없는 자들은 맨흙이라
도 뿌려 침략자가 앞을 보지 못하도록 만들었다. 그야말로 악
전고투였다. 이들은 조국 방위라는 군인의 임무를 최선을 다
해 영웅적으로 수행했다.

••• 　한편, 그리피스는 최후의 결전이 벌어진 광성보에서 미군이
바로 병인양요 때 맹위를 떨친 적이 있던 호랑이 사냥꾼을 비
롯한 조선군 수비대에 의해 전멸당할 가능성도 있었다고 적
고 있다. '전에 있었던 경우와 마찬가지로……'라는 구절은 손
돌목 포격사건 때의 상황을 말하는 것이다.

●●

강폭은 3백 피트가 넘지 않았다. …… 잠시 동안 불길한 적막이 짓눌렀다. 수병들의 심장은 거칠게 고동쳤으며, 이빨은 꽉 물리어 있었다. 죽음을 앞둔 조용한 도전이 기다리고 있었다. …… 함대가 요새 앞에 일렬로 널려 있었다. 그러나 조선의 지휘관은 한발 늦게 공격을 개시했다. 거대한 깃발 아래의 난간 밑에서 신호포가 발사되었다. 순식간에 거적과 휘장 속 80문의 포에서 발사된 총탄이 배 주위에 비 오듯 쏟아졌다. 요새와 포대와 장벽이 잠시 동안 포연 속에 가렸다. 뱃속의 많은 사람들은 튀어 오른 물방울로 흠씬 젖었다. 그토록 많은 탄환과 포연이 집중되는 것은 남북전쟁의 고참들도 일찍이 본 적이 없었다. 남북전쟁 당시 자기가 이끌던 2척의 배가 남부군으로부터 포격을 당한 일이 있는 그 늙은 블레이크도 이때보다 더 날카로운 사격을 가한 적을 기억할 수 없노라고 말했다.

(앞의 책, pp. 525~526)

●●●

1871년에 미국 함대의 수병들이 광성진 포대를 공격했을 때 함대로부터 포탄 세례를 받고서도 끈덕지게 버티는 검은 얼굴의 적들의 용기에 대해 미국의 수병들은 놀라움을 감추지 못했다. 그들은 화승총과 창과 칼로써 끝까지 함대와 후장총에 맞서 싸웠다. 당시 탄환 값을 톡톡히 한 그 용감한 수비대에 대해 미국 사람들은 찬사를 보내고 있다.

(앞의 책, p. 418)

•• 　그것은 광성보 전투가 벌어지기 전에 미군이 사전 준비 차
원에서 한강을 탐사하던 때에 있었던 조선군의 어처구니없는
실수를 가리키는 것이다. 충분히 미군 함대를 격파할 수 있었
는데도, 포격 명령을 제때 못 내린 조선군 지휘관의 무능으로
실패하였다는 것이다. 당시 미군 탐사대를 이끈 인물은 남북
전쟁 때 수군 지휘관으로 참전했던 블레이크 중령이었다. 그는
조선군의 집중포격을 일찍이 경험한 바 없을 정도였다고 회고
했다. 만약 조선군 지휘관이 제때 포격 명령을 내리기만 했어
도 미군 탐사대는 전멸했을 수 있었다는 뜻이기도 하다.

••• 　『은자의 나라 한국』을 집필하기 전, 그리피스는 신미양요
때 참전한 블레이크 중령을 비롯한 미군들을 만난 적이 있었
다. 이 와중에 호랑이 사냥꾼의 영웅담도 들었던 것으로 보인
다. 그린피스는 "그들은 난간에 올라서서 용맹스럽게 싸웠다"
등의 기록으로 호랑이 사냥꾼에게 감명 받았음을 표현했다.
나아가 그리피스는 참전 미군뿐만 아니라, 신미양요 때 조선
군의 용기를 알고 있는 미국인들까지도 죽음마저 불사한 그
들의 행위에 대해 찬사를 보내고 있다고 덧붙이고 있다.

　이렇게 서양인들과 그들의 신식 무기에 기죽지 않고 온몸
을 내던져 한순간도 후퇴할 마음을 갖지 않았던 호랑이 사냥
꾼의 투지는 미군들에게도 큰 감동이 되었다. 그래서인지 그

••

호랑이는 (조선에서는) 실제적으로뿐만 아니라 관념적으로도 힘과 난폭함의 상징이 되고 있다. 1871년에 '우리와 이교도와의 조그마한 싸움'에서 미국의 수병과 군대들에게 용감히 맞섰던 북부 평안도와 함경도의 호랑이 사냥꾼이 들고 있던 깃발을 보면 날개가 달린 호랑이가 꼿꼿하게 서서 입으로는 불을 뿜어내면서 앞발톱에는 타오르는 불꽃이 있다. 이는 그 호랑이가 땅과 공기와 하늘의 모든 힘을 장악하고 있다는 사실을 나타내 주는 것이다.

(앞의 책, p. 411)

•••

조선군은 결사적으로 장렬하게 싸우면서 아무런 두려움 없이 그들의 진지陣地을 사수하다가 죽었다. 가족과 국가를 위하여 이보다 더 장렬하게 싸운 국민을 다시 찾아볼 수 없다.

(김원모, p. 329 슬레이 소령의 회고 중)

•• 린피스는 특별히 자신의 책에 미군이 포획한 호랑이 사냥꾼의 깃발을 삽화로 그려 넣기도 했다. 또한 이 깃발에 대해 무척 상세하게 설명하고 있다.

•••   광성보 전투에서만 조선군 350명이 희생당했다. 미군 전사자는 단 3명에 불과했다. 그러나 호랑이 사냥꾼을 포함한 무명의 용사들이 치른 목숨의 대가로, 미군 역시 통상조약 체결이라는 원정 목적을 이루지 못한 채 철수하고 말았다.

●●
조선 사회에서의 사냥꾼은 천민으로서 다른 이들의 죽음을 다루
는 매장업자나 갖바치나 백정도축꾼들과 마찬가지로 취급을 받았
다. 조선 사람들은 그들과 직접적으로 교제가 없다.

(W. F. 샌즈 지음/신복룡 역주, 1999, p. 147)

316

지난한
해방의
여정

제대로 정착하는 백정

●● 이 책을 쓰게 된 동기를 일정 부분 부여해준 윌리엄 프랭크린
샌즈는 자신의 책 『극동회상사기』에서 그의 조선 체류기간에
도 백정은 여전히 천민 취급을 받고 있었다고 증언한다. 이처
럼 그 직업이 사냥꾼이든 갖바치든 도축꾼이든 백정들은 본
래 양인임에도 불구하고 천민 대우를 받았다. 샌즈가 조선을
떠난 해가 1905년이니, 이때까지도 백정은 보통 사람들과 교
류가 없을 정도로 처지가 달라지지 않았다. 당시 백정은 흔히
도한屠漢, 즉 도축꾼을 일컫는 말이었다.

●●

영락永樂 7년太宗 9에 평민과 섞여 살게 하여 저희백정끼리 서로 혼
인하는 것을 금하여 일찍이 하교下敎하시었는데, 지금까지 폐하여
행하지 않습니다. 빌건대……백성과 더불어 혼인하고 저희끼리
서로 혼인한 자는 이혼시키어 논죄하십시오.

(「태종실록」, 태종 11년 10월 17일)

조선 왕조가 건국된 바로 그해인 1392년태조1 9월, 왕국이 지속되는 한 시행할 22개 조항에 이르는 주요 국정과제를 발표했다. 태조 이성계李成桂가 최고의 권력기구인 도평의사사都評議使司의 건의를 받아들이는 형식을 빌려 공포한 것이다. 그중 주목할 만한 조항은 백정을 호적에 올리고 토지에 안착시켜 농사를 짓도록 하자는 내용이다. 만일 도축을 하거나, 농사를 짓지 않고 이곳저곳 떠돌아다니면서 생활한다면 범죄행위로 간주하여 처벌한다고 공포했다.

위정자들은 이처럼 왕조 개창과 동시에 백정을 평민과 같은 권리와 의무를 가진 '제민齊民'으로 만들려는 정책을 추진했다. 곧이어 왕조는 법령까지 제정하여 백정을 제민으로 만들려는 정책을 법제적으로 뒷받침한다.

심지어 태종 때에 와서는 백정끼리 결혼하는 것조차 금지했다. 이미 2년 전에 금지령을 내렸지만 제대로 시행되고 있지 않자, 사헌부가 나서 백정을 일반 백성과 결혼시키자고 한 것이다. 어긴 자는 처벌하고 이혼시키자고 제안했다. 물론 태종은 사헌부의 건의를 승인했다. 이와 같은 금지령은 백정과 여타 부류를 혼인시켜 그들을 혈통적으로 일반 백성에 동화시키기 위한 조치였다.

이어 세종은 유목민의 후예인 백정의 유랑생활을 근절하

●●

유민流民의 무리로서 각각 장인을 직업으로 삼는 것과 같이 산협
山峽에는 수철장水鐵匠·마조장磨造匠이 있고, 포택浦澤에는 유기柳
器 등을 만드는 장인이 있는데, 모두 옮기는 것이 일정하지 아니
하고 떠나고 머무는 것이 기한이 없다.

(『숙종실록』, 숙종 1년 9월 26일)

기 위해 여행허가증行狀을 만들어 이동의 자유마저 통제했다. 그 후 왕조의 위정자들은 행장 발급 규정을 완화하는 일부 유화책을 내놓았지만 창업자 이성계의 지엄한 유훈에 따라 백정을 제민으로 만들려는 정책은 꾸준하고도 일관되게 추진되었다.

그럼에도 불구하고 20세기에 와서도 백정은 제민이 되기는 커녕 여전히 천민 취급을 받고 있었음이 구한말 조선에 들어온 미국인 샌즈의 증언에서 드러난다. 이들은 말하자면, 지체 높은 양반은 두말할 필요조차 없고 보통 사람들 역시 상종조차 해주지 않는 비천한 집단에 불과했다.

사실 왕조 후반부에 와서도 백정 중 일부는 지엄한 국법을 어기면서 조상 대대로 이어진 생활방식인 유목으로 생계를 유지하고 있었다. 이런 실정은 『숙종실록』숙종1년 9월 26일에서 확인할 수 있다.

1675년숙종1, 왕조의 위정자들은 산속 골짜기山峽에 생활하는 수철장 및 마조장, 포택습지의 유기장 등을 유민의 대표적인 무리로 지목했다. 이 중 백정인 유기장은 재료를 쉽게 구하기 위해 버드나무의 서식지인 물가, 즉 포택을 따라 이동하며 살았다. 가마솥 등을 만드는 수철장이나, 연자매를 만드는 마조장 역시 재료를 찾아 이 산 저 산을 옮겨 다녔다. 연자매는

매의 하나로 일반 맷돌보다 수십 배나 크고, 사람 대신 소나
말이 돌리게 되어 능률도 그만큼 높다.

백정들 가운데 한곳에 정착하는 부류도 점차 생겨났다.
그것은 왕조의 꾸준한 제민화정책이 가져온 결과였다. 물론
이 또한 왕조가 백정을 마치 범죄의 소굴인양 몰아세우는 등
그들의 엄청난 희생을 무릅쓰고 정책을 강력하고 지속적으로
추진했기 때문에 가능했다.

최근 이준구 교수는 조선 후기의 호적문서들을 토대로 백
정들의 이런 정착현황을 밝힌 논문들을 발표했다. 그는 그 작
업의 일환으로 『대구부호구장적大邱府戶口帳籍』을 분석하여 백정
들의 집단부락을 확인했다.[27]

이에 따르면 대구부 서상면西上面 노하리路下里 백정부락은
1738년영조14부터 1976년고종13까지 140여 년에 걸친 18개 식년
式年호적에서 보인다. 호적은 식년, 곧 3년마다 작성하지만 이
백정마을에 대한 장적은 현재 18개 식년호적만 전하고 있다.
1738년에 작성된 호적에는 피장皮匠 3호戶, 유기장柳器匠 5호의
8가구로 이루어진 '남성외南城外 도하차리道下次里'라는 백정마
을이 보인다.

....

[27] 「조선후기 백정의 존재양상: 대구부 서상면 노하리 백정부락을 중심으로」, 『대구사학』 제53호,
1997.

1423년세종 5 재인과 화척의 호칭은 백정으로 바뀌었다. 그 까닭은 그들이 본래 양인이지만 하는 일이 천하고 칭호가 달라 백성들로부터 이류로 취급당한다고 판단했기 때문이다. 그래서 재인과 화척이 따돌림당하지 않게 하기 위해 일반 백성을 의미하는 백정으로 바꾸어 부르게 한 것이다. 그런데 조선 후기의 호적들에는 백정을 직업에 따라 유장, 곧 유기장 내지 피장으로 분류하여 등록하고 있다. 실제 조선 전기의 『조선왕조실록』에는 아주 빈번하게 보이던 백정은 그 호칭의 폐기 여부는 확인할 수 없지만 후기의 연대기 등 각종 문서들에는 거의 나타나지 않는다.

백정마을인 도하차리가 1738년영조 14 이후에 작성된 호적들에는 '노하차리' 내지 '노하리'로 표기되어 있다. '남성외'라는 표기는 대구 성 남문 밖에 위치했다는 것이며, '도하' 혹은 '로하'라는 지명에서 길 아래의 저지대에 있었던 것으로 여겨진다. 8가구로 시작된 노하리는 1795년정조 19까지 12 내지 17가구를 유지하다가 19세기에 와서는 1840년헌종 6을 제외하곤 증가 추세를 유지했다. 1876년고종 13에는 45가구로 최고점에 이르렀다. 처음에는 유장의 비중이 피장보다 높았지만 점차 줄어들다가 1783년정조 7부터는 피장만 보인다.

이로 보아 노하리의 백정들이 처음에는 유기 제조에 주로 종사하다가 점차 가죽 제조업으로 전환했으며 종국에는 피장으로 전업했음을 알 수 있다. 물론 유장이 피장으로 전업했을 가능성만이 아니라, 저지대인 이 마을의 위치로 보아 풍부하던 버드나무가 점차 소진됨에 따라 유장들이 재료를 찾아 다른 곳으로 이주했을 가능성도 있다.

이것은 이준구 교수가 노하리의 호구 변동을 분석한 결과에서 도출된다. 그에 따르면 이 백정마을로 이사 오거나移入 이사 간移去 가구가 유별나게 많았다. 1738년영조14에서 1756년영조32까지 18년 사이에 8가구에서 18가구로 증가했다. 이 중 계속해서 살았던 가구는 8가구에 불과하고 새로 이사해 온 가구는 무려 7가구나 되었으며, 4가구는 이 마을을 떠났다. 비록 백정들 가운데 정착하는 부류가 점차 늘어났지만 직업상 유동성이 여전히 심했던 것이다.

도하리의 백정들은 업종을 전환했건 도살꾼 가구가 새로 유입되었건, 그 이유가 무엇이든 간에 1783년정조7부터 피장 일색이 된다. 이렇게 된 데에는 대구가 당시 상공업 도시로 성장하면서 인구가 늘어남에 따라 고기 및 가죽의 소비가 늘어났기 때문이다. 1601년선조34 경상도 감영監營은 상주尙州에서 대구로 옮겨졌다. 이때부터 대구는 경상도의 주도가 된다. 자연 인구가 증가했으며, 이에 따라 가죽제품 등 생활용품의 소비도 증가한 것이다. 이러니 도회지 인근 백정마을의 가구가 증가했으며, 수요에 따라 구성원 역시 피장 일색으로 바뀐 것으로 여겨진다.

농촌지역의 백정들은 도회지 백정과는 그 존재 양상이 달랐다. 이준구 교수는 1678년숙종 4에서 1762년영조 38까지 걸쳐 작성된 경상도 단성丹城의 9개 식년 호적을 주 자료로 삼아 연구한 결과를 발표했다.[28]

이 연구 자료에 따르면 1678년숙종 4에 작성된 식년 호구에는 3가구만이 등록되어 있다. 39년이 지난 1717년숙종 43에 와서는 23가구로 증가하다가, 1750년영조 26까지는 대체로 20가구 안팎을 유지한다. 이후에는 계속 감소하는 경향을 보인다. 이런 현상은 이사해 온移入 가구와 이사 간移去 가구의 비율이 대구와는 반대되는 경향을 유지했기 때문이다. 즉 단성지역의 경우는 1678년과 1717년 사이에는 이사해 온 가구가 23호인데 비해, 이사 간 가구는 3호에 불과했다. 이후에는 오히려 전체적으로 역전 현상을 유지한다.

도회지인 대구와 달리, 단성의 백정은 그들만의 마을을 이루고 살아가지 않았다. 연구대상 기간에 유장 혹은 피장의 직

....

28 이준구, 「조선후기 경상도 단성지역 백정의 존재 양상: 단성지역을 중심으로」, 『조선사연구』 7, 1998.

역으로 등록된 백정들이 거주한 곳은 총 26개 마을里이었다. 이들 마을에는 대부분 백정이 1 내지 2가구가 거주했는데, 마을고을 자체는 그 지역 백정들이 만든 생활용품을 다 소비할 수 없는 수요의 한계가 있었기 때문이다. 특히 고기의 경우가 그러했다. 냉동시설을 갖추지 못한 당시에는 쉽게 부패할 수밖에 없었으므로 도회지로 나가 파는 것은 불가능했다.

그래서 단성의 9개 식년호적에 등록된 총 백정 호주 가운데 유기장이 63%인 데 비해, 피장은 23%에 불과했다. 이는 당시 고가인 가죽제품 및 고기의 수요가 대구보다 적은 농촌지역의 실정을 반영한 것이다. 반대로 대구 인근 백정마을인 도하리의 경우는 수요가 늘자 피장들이 계속 유입됐다. 반면 이곳의 유기장은 끝내 한 가구도 남지 않았다. 일감이 없어지자 유장이 정든 마을을 떠난 결과이다. 더구나 유기의 경우는 고기와 달리 다른 고을에서 생산된 물건을 구입해서 사용할 수도 있었기 때문이다.

보다 중요한 사실은 대구의 이와 같은 사례처럼 농촌지역의 백정 역시 일거리 유무에 따라 유동성이 유독 높았다는 것이다. 극단적인 사례이지만 1717년에 작성된 식년호적을 보면, 총 백정 23가구 중 모두가 새로 이주해 온 구성원일 정도였다. 이처럼 비록 정착생활을 유지하던 백정들일지라도 유동인구가 매우 많았음을 알 수 있다.

한마디로 왕국의 후반부에 와서야 정착생활을 하던 백정들이 생겨났다. 하지만 도회지든 농촌이든 한곳에 정주해서 살아가던 백정 역시 여전히 유랑생활하던 부류처럼, 북방 유목민의 후예답게 이곳저곳 떠돌아다니면서 살아가던 조상 전래의 생활방식을 완전히 청산하지는 못했다.

천민 중의 천민

그래서인지 왕조는 샌즈가 조선에 거주하고 있던 시기, 즉 구한말에는 오로지 백정만을 대상으로 호적을 작성했다. 이때에 와서는 호적과 별도로 호적통표統表도 만들었다. 1896년고종 33 9월에 제정된 「호구조사세칙戶口調査細則」에 따르면, 10호를 1통으로 작통作統한 호적통표를 작성하게 되어 있다. 그런데 민호民戶가 면리面里 단위인 거주지별로 작성된 것과 달리, 백정의 경우에는 거주지와 상관없이 통표를 만들었다.

현존하는 백정호 통표는 「경상남도 울산군 도한통표慶尙南道蔚山郡屠汗(漢)戶統票」가 유일하다. 이에 따르면 울산군 내 도한은 14호가 거주하고 있었다. 본래 호구 수가 부족할 경우는 인접 마을에 합쳐서 10호를 1통으로 작성한 것이 원칙이다.

하지만 백정 14호 중 10호를 1통으로 묶고, 민호와는 달리 나머지 4호 또한 1통으로 만들었다.

이렇게 백정, 곧 도한만을 대상으로 따로 호적 내지 호적 통표를 만든 것은 당시에도 그들의 유랑 습속을 통제하려는 조치로 보인다. 그만큼 조선 후기의 예처럼, 유랑하던 부류는 말할 것도 없이 정착생활을 하던 도한마저도 여전히 유동비율이 높았다는 얘기다.

백정 중에는 왕조의 지엄한 국법에 따라 정착해서 살아가는 부류도 있었다. 그렇다고 그들이 위정자들이 기대한 대로 제민이 된 것은 결코 아니었다. 왕조가 개창된 지, 그러니까 제민정책이 시행된 지도 400년이나 지난 뒤였지만, 정착한 부류 역시 천민 취급을 받기는 마찬가지였다.

백정은 본래 양인이다. 또한 왕조의 호적문서에도 '양인'으로 표기되어 있었다. 그러나 그런 것과 상관없이 그들의 처지는 다른 양인들에게서, 또 양반 사대부로부터도 멸시의 대상인 천민일 뿐이었다. '양인'이었지만 '양인' 대접조차 받지 못했던 것이다.

20세기에 들어와서도 백정은 천민의 대명사였는데, 조선 후기에 와서도 천대받았다는 뻔한 사실을 굳이 미주알고주알 설명할 필요가 없을 것이다. 다만 당대 백정에 대한 냉대가 얼

●●

여항閭巷 사이에 이른바 백정이란 자들은 매우 비천한 자들이어서 감히 상인常人과도 같이하지 못하는데, 이제 듣건대 해부該府, 개성부에 있는 백정이 혼인婚姻에 관복冠服을 입고 일산日傘을 받쳤으므로, 고을 사람들이 이로 인하여 소란을 일으켜 관복을 빌려준 사람을 난타亂打하고 백정의 집을 훼철毁撤, 헐어서 치워 버림한 다음 인하여 본부本府, 개성부에 호소하였으나 그 죄를 엄히 다스리지 않는다고 여겨 떼 지어 일어나 행패를 부리고 드디어 부아府衙에 돌을 던지기에 이르렀다고 합니다.

(『순조실록』, 순조 9년 6월 5일)

마나 심했는가를 실감나게 보여주는 유쾌하지 않은 사건 하나를 소개하는 것으로 내용을 갈무리할 것이다. 이 사건은 1809년순조9 개성에서 발생했다.

•• 당시, 개성에 사는 백정이 결혼식 때 의관衣冠, 곧 두루마기를 입고 갓을 쓰고 양산을 사용했다. 그러자 분노한 개성 사람들이 당사자 집을 파괴한 것은 물론이고 빌려준 사람까지 난타한 사건이 벌어졌다. 그것으로도 분이 풀리지 않은 이들은 관아에 떼거리로 몰려가 처벌할 것을 요구했다. 그뿐만이 아니었다. 아예 처벌이 약하다고 관아 앞에서 행패 부리고 심지어 돌을 던지기까지 했다. 이것은 백정이 결혼식 때에 의관마저 갖춰 입지 못할 만큼 지독하게 천대받고 있음을 알려주는 사건이었다.

조선시대에 남자는 어른이 되면 상투를 틀고 갓을 썼다. 하지만 백정은 갓을 쓰지 못하고 패랭이를 착용하고 다녀야 했다. 패랭이는 대를 쪼개 가늘게 깎은 댓개비로 엮어 만든 갓이다. 패랭이가 보통 사람들이 부모상을 당했을 때 죄인이라며 쓰고 다니는 모자였던 것을 생각한다면, 백정은 늘 죄인 취급을 받았다고 해도 과언이 아니다.

이러했으니 백정은 일반 백성과는 차림새에서부터 차이가 났다. 구별 지어 차별하기 위해 일종의 '주홍글씨'를 백정에게

●●

마침 도한屠漢을 축출하라고 청하는 것으로 인하여 드디어 반인泮人(의 도살행위)을 붙들고 못하게 말리는 것인가 의심하였더니, 오랫동안 누적된 감정을 품고서 아울러 축출할 계획을 세웠습니다. 그리하여 열 명씩 백 명씩 무리를 지어 그 도한의 집을 죄다 헐어버렸습니다.

(「순조실록」, 순조 9년 6월 11일)

새긴 것이다. 이 사건을 담은 1809년순조9의 기록에 '매우 비천한 자들至甚賤者'이란 표현이 암시해 주고 있는 것처럼, 백정은 당시 양반은커녕 상인조차 상종해 주지 않은 천민 중의 천민이었다.

관아에서 행패까지 부렸던 개성 주민들은 더 극악무도한 악행을 모의했다. 아예 백정을 개성 안에서 모두 몰아내겠다며 그들의 집을 찾아다니고 모두 파괴한 것이다. 1809년순조9 6월 개성 유수開城留守 한치응韓致應의 이러한 보고에 등장하는 반인은 흔히 성균관 부근 마을泮村에서 소를 잡아 파는 자들을 일컫는 말로서, 왕국 내에서 유일하게 도살이 허용된 자들이다. 성균관 내에는 공자의 위패位牌를 모신 대성전大成殿이 있었다. 이곳에서 공자를 제사할 때 반드시 쇠고기를 제물로 올려야 했기 때문에, 반인에게만 소 도살이 허용된 것이다.

제민화정책이 시행된 지 400년. '제민'은커녕 법적으로 양인이 분명함에도 매우 천한 자로 간주된 백정의 신세는 처량했다. 일반 양인들은 당연히 누렸을 일상생활에서조차 차별을 받았음은 물론이다. 개성의 사례가 증언해 주고 있는 것처럼, 백정들은 실제로 거주지 주민들로부터도 천민 대우를 받았다. 그들을 차별하는 양인들의 눈에는 같은 신분인 백정이 절대 '양인'으로 보이지 않았다는 얘기다.

••

그들은 칠립漆笠, 옻칠을 한 갓을 쓰고 다녔다. 옛날 풍속에 영남과
호남의 백정들은 감히 칠립을 쓰지 않고 평양자平涼子, 패랭이만 썼
으나 내부內府, 오늘날의 안전행정부에서 누차 칙령을 내려 그들도 평
민과 같이 칠립을 쓰게 하였다.

(『매천야록』, 고종 32년 12월조)

차별은 계속 이어져 1894년고종 31 갑오경장甲午更張 때 법적으로 신분제가 폐지된 후에도 샌즈와 같은 외국인에게 목격될 정도였다. "재설군宰設軍은 도우한屠牛漢인데, 백정의 속칭俗稱이다. (백정은) 인민 가운데 가장 천한 자最賤者이다"라는 『대한계년사大韓季年史』광무 2년 10월 29일의 기록은 이런 실정을 잘 보여주고 있다. 당시 사람들은 백정을 천민 중의 천민으로 간주했으며 지독한 차별을 받았다. 『대한계년사』는 문신이자 애국계몽운동가인 정교鄭喬, 1856~1925년가 1864년고종 1부터 1910년순종 3까지의 역사를 편년체로 서술한 역사책이다.

깨어나는 백정

●● 공식적으로 신분제가 폐지된 후에도 천민 취급을 받은 백정의 사정이 달라진 것은 1896년고종 32이 되어서다. 애국지사 황현黃玹, 1855~1910년은 『매천야록梅泉野錄』에 패랭이만 쓴 백정에게 1896년 비로소 갓 사용을 허용했다고 적고 있다. 『매천야록』은 황현이 1864년고종 1부터 1910년순종 3까지의 역사를 편년체로 서술한 역사책이다.

그러나 법으로 갓을 쓰게 한들 현실이 쉽게 달라질 수 있었을까. 왕조 대대로 내려온 백정에 대한 차별이 갓을 쓰게 함

••

머리에 갓을 쓰지 못했으나 갑오경장 이후 임금님의 은혜를 입어 갓을 착용할 수 있게 되었다. 그러나 천대는 여전하여 (실제) 갓을 쓸 수 없으니 칙명대로 갓을 착용할 수 있게 해달라.

《황성신문》, 1900년 2월 28일》

•• 으로써 그 뿌리가 뽑힐 수 있었을까. 그리하여 진주晉州를 비롯한 인근 16개 고을의 백정들이 관찰사에게 청원하기에 이르렀다. 그러나 관찰사는 갓 사용을 허용하되 갓 끈은 반드시 생우피生牛皮로 하게 했다.

　보통 사람들이 쓰는 갓과 달리, 소가죽인 생우피 끈을 단 갓만 사용하게 한 것은 백정을 여타 부류와 구별하여 차별하기 위한 상징적인 조치였다. 억지로 생우피 갓끈을 달게 된, 즉 또 다른 '주홍글씨'를 새긴 백정들은 가만히 있지 않았다. 이번에는 상부 관아인 내부內部에 상소했는데, 내부에서는 해당 관찰사들에게 즉각 폐지하라고 지시했다. 일단 백정들이 구별과 차별의 표시인 별도의 갓을 쓰지 않아도 된다는 정부의 승인을 받게 된 것이다.

　물론 그렇다고 해서 백정들에게 왕조 내내 지속되어 온 냉대와 멸시가 하루아침에 해소될 수는 없었을 것이다. 하지만 왕조의 여타 신민과 구별되는 표지標識를 없애는 데에는 성공했다. 비록 작은 변화일지라도 주홍글씨를 지워버린 결과 거주지 밖에서 보다 자유로운 일상생활을 보장받을 수 있었다. 하지만, 법적으로 해방되었다고 해도 같은 동네에서야 서로가 서로를 너무 잘 알고 있기에 백정들은 일상생활을 영위하는 데 제약을 받을 수밖에 없었다. 그러나 일단 자기 마을을

●●

이날 오후 2시에 종로에서 관민공동회官民共同會를 종로에서 개최
했다. 각 부·부府·部의 관리 및 신사, 각 협회·순성회順成會 부인,
각 학교 학생, 상인, 맹인, 승려, 재설꾼宰設軍 등이 모두 청첩장에
따라와서 이르렀다.

(『대한계년사』, 광무 2년 10월 29일)

●●●

이놈此漢은 대한大韓의 가장 천한 사람으로 무지몰각하나 충군애
국忠君愛國의 뜻은 대충 압니다. 지금 이국편민利國便民의 길은 관
민이 합심한 후에야 가능합니다. 저 천막으로 비유하자면, 하나의
대나무로 지탱하면 힘이 부족하지만 여러 대나무가 합치면 그 힘
은 견고하게 됩니다. 엎드려 바라건대 관민이 합심하여 우리 대황
제의 성덕聖德에 보답하고 나라의 복록이 만세를 누리게 합시다.

(위와 같음)

338

벗어나게 되면 '나는 백정이요'라는 표시가 없으니 행동거지가
자유로웠다.

●● 1897년광무2 무렵 백정 중에는 사회운동에도 참여하는 부
류도 생겨났다. 물론 자신들의 처지를 개선하기 위한 정당한
행위였다. 백정들도 독립협회가 주최한 관민공동회에 초대받
아 참여한 것이다. 그날 집회 때 백정 박성춘朴成春이 연사로
나섰다.

●●● 그는 나라를 이롭게 하고 백성을 편하게 하는 이국편민利
國便民에 대해서 일장 연설하여 청중들을 사로잡았고 박수갈
채를 받았다. 재설꾼 박성춘은 관민이 합심하여 충군애국의
정신으로 황제의 성덕에 보답하자며 목소리를 높였다. 박성춘
이 당시 했던 연설은 모두 짧게 줄인 요약으로만 남아 있어,
그가 주장하고자 한 정확한 내용을 현재로선 알 수 없다. 다
만 자신이 백정임을 밝힌 것으로 보아, 자기들에 대한 편견과
부당한 대우를 시정하자고 역설했을 것으로 보인다. 박성춘의
행적을 보면 이렇게 했을 가능성이 크다. 한편으로 관민공동
회의 개최 목적을 보아도 그러하다.

〈황성신문〉1901년 2월 8일자에 따르면, 경상북도 예천군에서 군
수가 백정들을 강제로 부역에 동원하자 반발한 사건이 일어
났다. 여기에도 백정 박성춘의 눈에 띄는 움직임이 보인다.

군수는 노역에 저항하던 3명을 감옥에 가두었다. 이 사건을 알게 된 문경 출신 백정이 내부에 청원하여 부당한 처사를 시정하라는 훈령을 얻는 데 성공했다. 그러자 예천군수는 도리어 이 훈령을 가지고 온 문경의 백정마저 매질하고 감옥에 처넣고 만다. 이 소식을 들은 박성춘은 예천군수의 부당한 처사를 시정하고자, 서울에서 문경과 예천의 백정들을 동원하여 내부에 탄원했다. 덕분에 갇힌 백정들이 모두 석방될 수 있었다.

관민공동회는 독립협회가 관민이 국권 수호와 민권 신장 및 국정 개혁을 공동으로 선언하고 이를 추진해 나가기 위해 개최한 집단이다. 관민공동회는 1898년_{광무 2} 10월 28일부터 11월 3일까지 서울 종로에서 열렸다. 이후 독립협회의 이와 같은 주장에 불만을 가진 관리들이 불참함에 따라 일부만 참가한 만민공동회로 전환된다.

백정들은 이제 왕국의 당당한 신민으로서 자리매김하기 시작했다. 그랬기에 백정 박성춘이 관민공동회에 공식적으로 초청받아 참여할 수 있었고, 대표로 뽑혀 연설할 기회까지 얻을 수 있었던 것이 아니었을까. 관민공동회의 성격과 박성춘의 행적으로 보아, 그가 관민공동회의 개막 연설자로 뽑혀 백정에 대한 부당한 대우를 시정하자고 당당히 주장한 것이 분명

하다. 또한, 옛날과는 달리, 자신들을 향한 부당한 차별행위
를 깨닫고 이를 개선하려는 운동을 집단적으로 벌이기 시작
한 것이다.

참고문헌

『고려사高麗史』;『고려사절요高麗史節要』;『고려도경高麗圖經』;『익제난고益齋亂藁』;『동국이상국후집東國李相國後集』.

『경국대전經國大典』;『국조보감國朝寶鑑』;『조선왕조실록朝鮮王朝實錄』;『비변사등록備邊司謄錄』;『순무영등록巡撫營謄錄』.

『기재잡기寄齋雜記』;『속동문선續東文選』;『연려실기술練藜室記述』;『해동역사海東歷史』;『대한계년사大韓季年史』;『매천야록梅泉野錄』;『병인일기丙寅日記』;『청성잡기青城雜記』;『송와잡설松窩雜說』;『상촌고象村集』;『어우집於于集』.

〈황성신문皇城新聞〉.

한국교회사연구소 역, 「한불관계자료」, 『교회사연구』 2, 1979.

W. E. 그리피스 지음·신복용 역주, 『은자의 나라 한국』, 집문당, 1999.

W. F. 샌즈 지음·신복용 역주, 『조선비망록』, 집문당, 1999.

고병익, 「원과의 관계의 변천」, 『한국사』 7, 국사편찬위원회, 1974.

김동진, 『조선전기 포호정책 연구』, 선인, 2009.

김동진, 조선전기 감무의 시행과 포호정책, 조선시대사학보40, 2007.

김동진, 조선전기 백정에 대한 제민화정책의 성과, 역사민속학29, 2009.

김정호, 『조선의 탐식가들』, 따비, 2011.

김원모, 「로즈 함대의 내침과 양헌수의 항전」, 『동양학』 13, 1983.

김원모, 『근대한미교섭사』, 홍성사, 1982.

김원모, 『병인일기의 연구』, 『사학지』 17, 1983.

김일우, 「고려후기 제주·몽고의 만남과 제주사회의 변화」, 『한국사학보』 15, 2003.

김중섭, 『형평운동연구-일제침략기 백정의 사회사』, 민영사, 1998.

김한규, 『한중관계사』, 아르케, 1999.

김현숙, 대한제국기 미국 관료지식인의 한국인식-궁내부 고문관 샌즈를 중심으로-, 역사와 현실 58, 2005.

문철영, 「고려말·조선초 백정의 신분과 차역」, 『한국사론』 26, 1991.

박옥걸, 『고려시대의 귀화인 연구』, 국학자료원, 1996.

심승구, 조선시대 사냥의 추이와 특성-강무와 포호를 중심으로-, 역사민속
학 24, 2007.

연갑수, 병인양요와 흥선대원군정권의 대응, 군사 33, 1996.

오환일, 「한말 백정에 대한 수탈과 백정층의 동향」, 『사학연구』 54, 1997.

유애령, 「몽고가 고려의 육류 식용에 미친 영향」, 『국사관논총』 87, 1999.

이준구, 「대한제국기 도한(백정)의 호구 양상과 사회·경제적 처지」, 『대구
사학』 92, 2008.

이준구, 「조선시대 백정의 전신 양수척, 재인·화척, 달단」, 『조선사연구』 9,
2000.

이준구, 「조선전기 백정의 습속과 사회·경제적 처지」, 『조선의 정치와 사회
(최승희교수 정년기념논집)』, 2002.

이준구, 「조선초기 백정의 범죄상과 제민화 시책」, 『대구사학』 56, 1998.

이준구, 「조선후기 경상도 단성지역 백정의 존재 양상-단성지역을 중심으
로-」, 『조선사연구』 7, 1998

이준구, 「조선후기 백정의 존재양상-대구부 서상면 노하리 백정부락을 중
심으로-」, 『대구사학』 53, 1997.

이태진, 근대 한국은 과연 은둔국이었던가, 한국사론 42, 1999.

전해종, 『한중관계사 연구』, 일조각, 1970.

조계영, 조선시대 호환과 국가시책, 사학연구 91, 2008.

한규철, 「고려 래두·래주 거란인-발해유민과 관련하여-」, 『한국사연구』
47, 1984.

한희숙, 「조선 태종·세종대 백정의 생활상과 도적 활동」, 『한국사학보』 6,
1999.